Existe vida...

depois do

Casamento

Solicite nosso catálogo completo, com mais de 350 títulos, onde você encontra as melhores opções do bom livro espírita: literatura infantojuvenil, contos, obras biográficas e de autoajuda, mensagens espirituais, romances, estudos doutrinários, obras básicas de Allan Kardec, e mais os esclarecedores cursos e estudos para aplicação no centro espírita – iniciação, mediunidade, reuniões mediúnicas, oratória, desobsessão, fluidos e passes.

E caso não encontre os nossos livros na livraria de sua preferência, solicite o endereço de nosso distribuidor mais próximo de você.

Edição e distribuição
EDITORA EME
Caixa Postal 1820 – CEP 13360-000 – Capivari-SP
Telefones: (19) 3491-7000 | 3491-5449
Vivo (19) 99983-2575 ◎ | Claro (19) 99317-2800 | Tim (19) 98335-4094
vendas@editoraeme.com.br – www.editoraeme.com.br

Francisco Cajazeiras

Existe vida...

depois do

Casamento

?

Capivari-SP
— 2017 —

© 2001 Francisco Cajazeiras

Os direitos autorais desta obra são de exclusividade do autor.

A Editora EME mantém o Centro Espírita "Mensagem de Esperança" e patrocina, junto com a Prefeitura Municipal e outras empresas, a Central de Educação e Atendimento da Criança (Casa da Criança), em Capivari-SP.

11ª reimpressão – junho/2017 – Do 18.001 ao 18.500 exemplares

CAPA | Nori Figueiredo
ILUSTRAÇÕES INTERNAS | DR Perillo
DIAGRAMAÇÃO | Rafael Carara
REVISÃO | Paulo R. Santos
        Rubens Toledo

Ficha catalográfica

Cajazeiras, Francisco,
    Existe vida... depois do casamento? / Francisco Cajazeiras. – 11ª reimp. jun. 2017 – Capivari, SP : Editora EME.
    216 p.

1ª edição : mar. 2001
ISBN 978-85-7353-230-2

1. Família, sexualidade e casamento. 2. Espiritismo/Casamento.
CDD 133.9

ÍNDICE

PREFÁCIO **09**
INTRODUÇÃO **13**

I. A FAMÍLIA **17**
  1. Desenvolvimento Histórico 19
  2. Tipos de Família 23
  3. Constituição da Família 25
  4. Funções da Família 27

II. O CASAMENTO **33**
  1. Evolução do Casamento 36
  2. Casamento e Espiritismo 38
  3. Casamento: Instituição Falida? 39
  4. Enamoramento 42
  5. O Sentimento Maior 46
  6. Tipos de Casamento 49
     a) Casamentos materiais *50*
     b) Casamentos expiatórios *52*

 c) Casamentos provacionais *53*
 d) Casamentos felizes *54*
7. Objetivos do Casamento 56
8. Casamento Formal 57

III. Perspectivas da Vida Conjugal 61
1. A Vida de Casado 64
 a) Fases do casamento *64*
 b) Estabilidade e felicidade *74*
 c) Problemas e dificuldades *74*
 d) Conflitos conjugais *76*
2. A Empresa Familiar 86
3. Os Filhos 91
4. Separação Conjugal 94
 a) Fatores envolvidos na separação *96*
 b) O Divórcio na concepção espírita *104*
 c) Lucros e perdas do desamor *106*

IV. A Sexualidade Humana 111
1. Amor e Sexualidade 114
2. Sexo Genital 115
3. Atividade Sexual 118
4. O Sexo no Casamento 120
5. Comportamento Sexual 122
 a) Intersexualismo *123*
 b) Transexualismo *124*
 c) Homossexualismo *124*
 d) Bissexualismo *127*
6. Enfermidades Reativas 128
 a) Pseudo-hermafroditismo *129*
 b) Infertilidade *129*
 c) Anorgasmia *130*
 d) Ejaculação precoce *131*
 e) Fobias *132*
 f) Impotência *135*
 g) Diminuição da libido *136*
 h) Compulsão sexual 137

V. PROBLEMAS ATUAIS **141**
   1. Família e Realização Profissional 144
   2. Amor em Tempo de AIDS 148
   3. Educação dos Filhos 152
      a) Totalitarismo ou liberalismo? *152*
      b) Orientação religiosa *155*
      c) Orientação sexual *157*
   4. Drogadição 162
      a) A Droga no Mundo e no Brasil *163*
      b) Principais estados de dependência *165*
      c) Alterações patológicas da consciência *176*
      d) Causas do uso de tóxicos *176*

VI. EXISTE VIDA... DEPOIS DO CASAMENTO? **179**
   1. Os Ciclos da Vida 182
   2. Vida a Dois e Progresso Anímico 186
   3. Sugestões para a Saúde do Casamento 190
   4. Sim, Existe Vida Depois do Casamento! 201

VII. PARA REFLETIR **207**

BIBLIOGRAFIA **211**

*À
Regilane Cajazeiras,
mulher, amiga e companheira,
pelo aprendizado em conjunto
e contínuo na vida a dois,
dedico esta obra.*

*Aos amigos
Arnaldo e Izabel Camargo.
Pelo estímulo e atenção,
o reconhecimento.*

PREFÁCIO

Prefácio

Caro leitor, Francisco Cajazeiras é médico e espírita de destaque e vem dando com integridade e dedicação suas contribuições à literatura do movimento. Como amigo e confrade, pede-me que lhe abra as páginas de mais esse livro, em cuja bibliografia tenho a honra de figurar.

Trata-se de uma obra com temas atuais e palpitantes, para os quais Cajazeiras traz as suas reflexões de médico, espírita e cidadão, neste início de milênio tão conturbado e tão carente de orientação espiritual. Fica claro que, num mundo, em que os conflitos se agigantam e a perplexidade moral gera intensa angústia existencial, o Espiritismo é a chave para a compreensão dos problemas que nos afligem e para a solução dos enigmas que nos torturam.

A sexualidade, os relacionamentos familiares, as questões educacionais, a afetividade entre os seres humanos — tudo isso tem sido fator de desorientação, porque passamos de um mundo em que havia todas as respostas prontas e fixas, no conceito conservador e autoritário do passado, para um mundo sem nenhuma resposta, no anticonceito relativista e amoral do presente. O ponto de equilíbrio, então, encontramos justamente na Doutrina

Espírita, que nem se prende aos moldes passados, porque tem caráter sempre progressista, e nem se acomoda na dispersão presente, porque procura levar o ser humano ao ajuste consigo mesmo e com as leis divinas.

Por isso, qualquer estudioso que se debruce sobre a Doutrina Espírita, com as indagações do mundo contemporâneo, encontrará vasto manancial de respostas e orientações, que lhe darão segurança e conforto, sem lhe arrancar a autonomia moral. Essa é aliás a mais importante proposta do Espiritismo: cultivar a responsabilidade espiritual de cada indivíduo, para que cada qual assuma a própria vida nas mãos e se faça construtor de um destino mais luminoso.

Cajazeiras é um espírita capacitado que se debruçou sobre a Doutrina para indagar o que todos indagam e encontrar respostas que todos buscam. Assim, os temas abordados nesta obra são de interesse de todos. E o autor faz isso de forma despretensiosa, precisa e clara. Não é difícil e empolado o seu texto, não perde tempo em divagações. Poderá ser lido com proveito de frente para trás, de trás para frente ou escolhidos temas de maior interesse pelo leitor, para pescar idéias e inspirações aqui e acolá. Que o livro, pois, tenha os leitores merecidos, alcance o sucesso desejável e que o autor continue abençoado e inspirado para continuar sua sementeira espírita!

*** Dora Incontri***
São Paulo, março de 2001

Introdução

Introdução

Há quem afirme encontrar-se a instituição familiar com os seus dias contados e por conseguinte, também, o casamento, considerando-se este como o compromisso oficial ou oficioso responsável por sua existência e manutenção.

Alegam, em suas conjecturas, que o homem e a mulher desejam – e têm pleno direito a – viver a vida livremente, sem maiores responsabilidades e compromissos. Assim sendo, a reprodução seria relegada a um plano secundário, ficando, quem sabe, sob a guarda do Estado, tal como se dá na imaginação ficcionista de Aldous Huxley, em seu interessante livro *"Admirável Mundo Novo"*[1]..

Nessa obra do famoso escritor americano, a vida humana é inteiramente controlada pelo Governo, desde o seu planejamento e nascimento até a sua morte, com poder decisório inclusive pela capacitação genética dos seres humanos(?!), criados, estruturados e educados para tomarem parte nas imprescindíveis atividades da sociedade manipulada pela cibernética.

---

[1] HUXLEY, Aldous. – "Admirável Mundo Novo". Trad. Vidal de Oliveira. Ed. Globo: Rio de Janeiro-RJ.

Baseiam-se os defensores dessa tese apocalíptica da família e do casamento no alto índice de separações e divórcios, como também nos casamentos fracassados, a partir dos quais concluem pela desvantagem universal da vida familiar.

Mas será mesmo esta a perspectiva futura das relações humanas?

Estará mesmo a família se extinguindo aos poucos para dar lugar a uma outra forma de estruturação social, de relação interpessoal, onde desaparecem os vínculos mais profundos entre seus elementos?...

Certa vez, estava eu a fazer uma palestra na cidade de Jundiaí, São Paulo, sob o título: *"Casamento – Instituição Falida?"*, após a qual franqueou-se ao público espaço para o debate, ao que um confrade – mais com objetivo hilariante que propriamente perquiridor, mas decerto atendendo à necessidade de outras pessoas presentes –, dirigiu-me a seguinte pergunta:

"Existe mesmo vida... depois do casamento?"

Indispensável dizer que toda a platéia riu à vontade, antes que eu desse a minha opinião, obviamente basificada nos ensinamentos dos Espíritos Reveladores contidos na Codificação Kardequiana.

A pergunta mexeu com o instinto editorial do Arnaldo Camargo – confrade responsável, juntamente com a sua esposa Isabel Braghero de Camargo, pela divulgação da Doutrina Espírita, através da literatura, e pela edição deste livro –, ao ponto de sugerir-me escrever obra com este título e tendo por base a referida palestra.

Eis a razão primeira desse meu modesto livro – responsabilidade primeira do Arnaldo –, que ora lhe entrego, amigo leitor, para a sua apreciação, esperando possa ser-lhe de alguma utilidade.

Evidentemente não tenho a pretensão de esgotar o assunto, senão dar a minha modesta contribuição no sentido de estudar a temática sob a visão da Doutrina Espírita, eminentemente esclarecedora e consoladora.

I - A Família

I - A Família

1. Desenvolvimento Histórico

O homem é um ser gregário, isto é, carente da companhia de outros da sua espécie para desenvolver-se nos seus mais diversificados aspectos.

A vida solitária – isolada do convívio com os semelhantes – é, pois, estado de exceção ou momentâneo para reflexionar... Ademais, a solidão voluntária pode denotar algum grau ou forma de morbidade psíquica.

Deus faz-nos relacionar com os mundos materiais, através da Lei Biológica da Reencarnação, para participarmos diretamente do desenvolvimento dos potenciais virtuosos presentes em nosso **eu** espiritual. Com esse propósito, faz-nos carecentes da aproximação com os outros indivíduos da nossa espécie.

A contundente limitação humana torna-nos necessitados – ao mesmo tempo que necessários – das relações com os demais. É exatamente nesse sentido que Allan Kardec, em comentário a uma resposta sobre a vida em sociedade, dada pelos Espíritos Imortais, quando se fazia a elaboração da Codificação Espírita, alerta-nos em "O Livro dos Espíritos":

"*Nenhum homem dispõe de faculdades completas e é pela união social que eles se completam uns aos outros*, para assegurarem o seu próprio bem-estar e progredirem. Eis por que, tendo necessidade uns dos outros, são feitos para viver em sociedade e não isolados"[2]. (grifos meus).

Quando mais primitivo, o ser humano buscava intuitivamente a companhia grupal, capaz de oferecer-lhe maior segurança, assim como possibilidades conjuntas de satisfação aos anseios instintivos predominantes e que orientavam mais preferencialmente os seus atos.

Os instintos para a perpetuação da espécie governavam-lhe, de maneira inequívoca, a atividade sexual. Dessa maneira, nos primórdios da vida humana sobre a Terra, as relações sexuais de periferia[3] pouco se diferenciavam do estágio irracional vivenciado anteriormente[4], inclusive no que diz respeito ao seu *modus operandi*.

Com o passar do tempo, os laços afetivos se foram estreitando e, a partir deles, deu-se o aparecimento dos conjuntos com foro de individualidade grupal – os clãs.

É fácil de compreender que, durante uma grande fatia temporal no processo de desenvolvimento da Humanidade, houve arrasadora prevalência da poligamia.

A orientação instintiva dominante para a perpetuação da espécie, o atavismo da irracionalidade ainda presente e a força da Lei Divina no sentido de se assegurarem maiores ensejos reencarnatórios explicam-nos facilmente tal comportamento poligâmico, até porque, nos primórdios, as relações se davam sem

---

[2] KARDEC, Allan. – "O Livro dos Espíritos". Trad. J. Herculano Pires. Questão 768. Ed. EME: Capivari-SP.
[3] Relações do corpo: genital, etc.
[4] A Doutrina Espírita afirma que o Espírito passou por estágio na animalidade irracional, antes de adquirir a razão, quando então era conduzido por seus instintos.

que os vínculos afetivos se fossem definindo de imediato.

Depois – tudo nos leva a crer –, foi se instalando o período do matriarcado[5], com prevalência da poliandria[6]. Isso se deu, em primeiro lugar, pelo fato de operar-se na mulher o processo gestatório e conseqüentemente a vida. Depois, por acreditar-se, à época, estar a fertilidade relacionada como um dom divinal; e, além disso, como decorrência de o homem desse período não compreender o seu papel fecundante. Tudo isso levava a uma massiva valorização do sexo feminino.

Com o progredir do tempo, a situação foi se invertendo e, notadamente a partir do momento em que o homem se apercebeu da própria participação no processo fecundativo, verificou-se uma verdadeira reviravolta na escala de valores com a instalação do patriarcado[7] e da poliginia[8].

Por outro lado, à medida que se desdobrava o progresso continuado do Ser Anímico e por conseguinte da sociedade, foi se instalando paulatinamente o exercício da monogamia[9].

É bem verdade, que as relações poligâmicas são ainda hoje mantidas e vivenciadas nas sociedades humanas, seja legalmente – como em alguns países árabes – ou de maneira informal (e ilegal), na rotina de muitas pessoas – homens ou mulheres – que, sob variado pretexto, tentam convencer-se e aos outros da naturalidade da sua prática, completamente esquecidas de que o natural para a grei irracional não necessariamente o deverá ser para a racional.

No Brasil, afora os casos freqüentes de relacionamentos extraconjugais velados, existem aqueles onde o homem assume publicamente, sob a conivência da lei e dos homens (inclusive das suas mulheres), mais de uma esposa, constituindo famílias.

---

[5] Organização social e política em que a mulher exerce autoridade preponderante.
[6] Situação em que uma mulher tem vários maridos ao mesmo tempo.
[7] Organização social e política com predominância do masculino.
[8] Situação em que um homem possui várias esposas ao mesmo tempo.
[9] Casamento com apenas um cônjuge.

Recentemente, a televisão retratou um caso aqui no interior do Ceará, em que o cidadão afirmava peremptório e orgulhoso a sua condição poligínica.

Também existem, embora mais raros, os casos de poliandria. Com essa temática se produziu inclusive, também recentemente, reportagem televisiva, ainda aqui no interior do Ceará.

Nos nossos dias, podemos ressaltar o comportamento poligâmico nas relações múltiplas, apesar de excludentes, ao longo da jornada terrena de um sem-número de pessoas.

É comum, pois, encontrarmos indivíduos que, ao passar dos anos, vão colecionando grande número de parceiros, o que, a despeito do relacionamento monogâmico a cada período de tempo, não deixa de caracterizar uma modalidade de comportamento poligâmico.

Respondendo a questionamento específico de Allan Kardec sobre o assunto em pauta, os Espíritos Imortais assim se posicionaram:

"A poligamia é uma lei humana, cuja abolição marca um progresso social. O casamento, segundo as vistas de Deus, deve fundar-se na afeição dos seres que se unem.

*Na poligamia não há verdadeira afeição: **não há mais do que sensualidade**"[10]* (grifos meus).

É assim que a instituição "família" se vai delineando e se fazendo imprescindível, pois, à medida que o Espírito se vai tornando mais evoluído, passa a ter maiores necessidades para o seu "projeto de vida" na matéria densa.

---

[10] KARDEC, Allan. – "O Livro dos Espíritos". Trad. J. Herculano Pires. Questão 701. Ed. EME: Capivari-SP.

2. Tipos de Família

No início, a família tendeu a aglomerar os seus diversos membros, congregando-os, via de regra, em uma mesma construção ou moradia, sob a direção de seu membro mais idoso. É o que se costuma denominar de **família extensa**. Nela, existe uma forte hierarquia com predominância dos mais experimentados, resultando na formação e manutenção da figura do **patriarca**.

Desse modo, é característica marcante desse tipo familiar o abrigo a várias gerações, onde se pode destacar invariavelmente o culto aos antepassados.

A mulher possuía, nessa sociedade, valor apenas instrumental no que concerne à fecundidade e assim mantinha-se completamente dominada pelo homem a quem era outorgado o poder de vida e de morte sobre ela e mesmo sobre os filhos.

Esse tipo de estrutura familiar, aliás, através de um processo de desagregação de causa variada, é o responsável pela gestação do modelo que servirá de base para a formação dos feudos e dos reinos.

Com o surgimento da era industrial e o fomento das relações entre os membros da sociedade, dá-se a transformação paulatina da família extensa em **família nuclear**.

Esta última é o resultado de um processo de racionalização daquela, passando a ser composta pelo pai, pela mãe e pelos filhos.

Como vimos, podemos classificar a família, quanto à sua constituição hierárquica e parental, em:
família extensa e
família nuclear.

Em "O Evangelho Segundo o Espiritismo"[11], no seu capítulo XIV, Allan Kardec comenta acerca das afinidades

---

[11] KARDEC, Allan. – "O Evangelho Segundo o Espiritismo". Trad. J. Herculano Pires. Editora EME: Capivari-SP.

existentes entre os membros de uma família e, a partir dessa relação, distingue-as como sendo:
família corporal e
família espiritual.
A primeira diz respeito à consangüinidade. As pessoas, por descenderem de um mesmo tronco genético, seus membros apresentam semelhanças biológicas, mas nem sempre o seu gênio, o seu comportamento, a sua maneira íntima de ser são assemelhados.

São indivíduos que, a despeito de ostentar semelhanças físicas importantes, podem ser completamente díspares sob o ponto de vista moral, dentro da óptica do Espírito.

Com freqüência, tenho me deparado com perguntas sobre o fato das grandes semelhanças físicas entre pais e filhos e se isso não anularia as explicações espirituais, sendo unicamente uma questão de origem genética.

Isso, entretanto, não constitui nenhuma contradição com as explicações espirituais na formação de uma família. Primeiro porque não são raros os casos de descendentes imediatos completamente diferentes quanto ao gênio, mas também porque sabemos que as relações espirituais se fazem por afinidades, por laços anteriores e por carências evolutivas. Assim, os que se assemelham em gosto e gênio são exatamente os que, em outras instâncias reencarnatórias, já se afinizavam em suas condutas.

As **famílias corporais**, se exclusivamente corporais, desfazem-se com o desaparecimento do móvel de sua existência: o corpo.

Não se acredite, porém, que as pendências porventura mantidas irresolutas sejam abandonadas e relegadas ao esquecimento. A Lei Divina se encarregará sempre de aproximar os devedores para o devido resgate, no momento certo.

As **famílias espirituais** são aquelas cujos membros compartilham semelhantes pontos de vista, acalentam idéias comuns, harmonizam-se em sentimentos. Estas se perpetuam indefinidamente, pois os laços que mantêm unidos os seus membros estão sincronizados pelo sentimento.

Sob esse enfoque, então, podemos didaticamente dividir as famílias em: **famílias corporais, famílias espirituais** e **famílias mistas** (quando em uma mesma família corporal se aninham e se encontram Espíritos afins).

3. Constituição da Família

Na erraticidade[12], o Espírito pode se preparar para uma nova encarnação, selecionando provas a enfrentar, débitos a ressarcir e, em linhas gerais, os caminhos a percorrer para a consumação dos objetivos a que se propõe.

Assim sendo, é freqüente que as famílias a se constituírem, quando da encarnação futura, já possam ser aí planejadas: marido e esposa, pai e mãe, filhos, etc.

Os Espíritos que não se encontrem em condições de decidir e planejar seu próximo estágio reencarnatório, seja pela primariedade de seu desenvolvimento, seja pela dureza do seu coração, candidatam-se sem o saberem à reencarnação compulsória.

Há as situações em que os seus Espíritos Protetores preparam-lhes as oportunidades enquanto, em outras, a Lei de Reprodução e a Lei de Progresso, através da Lei Palingenésica[13], fazem-se automáticas, aproximando-os daqueles com quem se

---

[12] Espaço de tempo em que o Espírito permanece entre uma e outra encarnação. Todo Espírito que necessita reencarnar é, por isso mesmo, um Espírito errante, ou seja, que está a caminho da felicidade, que é viajor da nave da perfeição. Não se deve entender como Espírito errante unicamente o que é inferior, mas qualquer um ainda necessitado de reencarnar, mesmo bom.

[13] Palingenesia, do grego *palin* = novamente e *genes* = nascimento. O mesmo que reencarnação.

afinizam. Ainda assim, contam sempre com quem por eles vele.

Acerca das relações familiares, um Espírito amigo, que se identifica como Hilário, trouxe-nos mensagem bem interessante:

Laços de Família[14]

O núcleo familiar é o cadinho onde se fazem as devidas maturações para a ascensão anímica do ser.

Assim, cuida de fazer a tua parte para que os catalisadores possam acelerar-te o processo natural.

O lar é, sem dúvida, curso intensivo com amplo potencial para o aprendizado da fraternidade.

Esmera-te, por isso mesmo, para que não sejas reprovado nas avaliações que a vida te impõe, a cada etapa!

Os teus familiares, qualquer que seja a tua posição no grupo, são teus irmãos também em prova.

Trata-os, pois, de modo a dignificar-lhes a ação e viabilizar-lhes o aprendizado.

*

As funções que vamos assumindo a cada reencarnação fornecem-nos os subsídios de que carecemos para a ilustração espiritual a que se prestam:

Ao pai cabe, muitas vezes, a proteção e a coordenação do grupo.

Compreensão, carinho, ternura e amor, porém, não se lhe fazem incompatíveis.

---

[14] CAJAZEIRAS, Francisco/Diversos Espíritos. – "Conselhos Mediúnicos". Ed. EME: Capivari-SP.

À mãe são atribuídas, com freqüência, as funções do coração e da afetividade.

O que não a impede de exercitar o raciocínio e de dar a justa advertência ao que se expõe ou se queda em erro.

Do filho esperam-se esforço e gratidão pela oportunidade e atenção recebidas dos que lhe abrigam.

Isso, porém, não o torna escravo ou propriedade dos pais, antes fortalece-lhes a relação pelos laços firmes do amor e da mais lídima caridade.

Aos irmãos compete somar esforços e imbricar sentimentos recíprocos, originando ou consolidando os laços de amizade e de fraterna convivência.

Há que se fazer, pois, uma parceria de progresso e uma profunda compreensão dos direitos e deveres de cada um.

*

Doação, fraternidade, dignidade e compreensão; cuidado, liberdade, advertência e razão constituem as inolvidáveis facetas do amor.

E o amor é a prova incontestável do parentesco humano com a Divindade.

Hilário

4. Funções da Família

"O lar é um curso ligeiro para a fraternidade que desfrutaremos na vida eterna"[15].

---

[15] XAVIER, Francisco C./Esp. Neio Lúcio. – "Jesus no Lar". FEB:Brasília-DF.

"O lar é a escola das almas, o templo onde
a sabedoria divina nos habilita, pouco a pouco,
ao grande entendimento da Humanidade"[16].

Com o desenvolvimento anímico, dada à maior complexidade das suas carências e possibilidades, a estrutura familiar foi se tornando cada vez mais necessária, chegando mesmo à condição de imprescindibilidade ao progresso anímico.

É óbvio que muitos são os Espíritos que são submetidos a situações de provas e resgates tais como a desestruturação familiar e até mesmo a ausência do lar, mas isso sem nenhuma dúvida se constitui em grande obstáculo à sua vitória.

A família, o lar bem constituído, é sem dúvida alguma a base em que se alavanca o Espírito para a consumação de seu plano existencial, pois dela ele receberá o apoio, o estímulo, o conforto, o alento, o exemplo, a educação, a força... Enfim, todo o indispensável para o desenvolvimento de seu programa de progresso espiritual, desde a concepção até à sua desencarnação.

No lar, ele recebe o treinamento indispensável para a vivência social a que se projeta sob o controle das Leis Divinas.

É exatamente essa a razão da afirmativa que *"a família é a célula da sociedade"*, posto que as mazelas sociais refletem as mazelas ainda dominantes no grupo familiar, demonstração inequívoca da sua relevância para o indivíduo como para a sociedade.

É no aconchego do lar que o Espírito encarnado se repleta de coragem para enfrentar as adversidades do cotidiano e as intempéries da vida. E é para ele que retorna em busca do bálsamo – que lhe apazigua a mente cansada e o coração agitado – e do resguardo para o repouso de que carece para continuar lutando e enfrentando os desafios da rotina existencial terrena.

É no calor do seio familiar que o Espírito encarnado ensaia

---

[16] Idem, ibidem.

os primeiros passos na direção do amor, onde permuta carinho e compõe as primeiras notas de fraternidade e de solidariedade.

No lar, portanto, ele se vai educando para a vivência em grupo, aprendendo a amar-se e a amar ao próximo, a respeitar-se e ao semelhante respeitar, a buscar o seu direito, reconhecendo o direito do companheiro, através do exercício do próprio dever. Pois, quem não se ama nem se respeita, não o faz também ao outro e é nesse mesmo sentido que Jesus coloca-nos como referencial: *"Ama ao teu próximo **como a ti mesmo**..."*[17] (grifo meu).

O núcleo familiar apresenta-se, como se vê, com uma multiplicidade funcional. Enumeremo-la:

a) Função procriativa
É pela estruturação do casal que se permite a reencarnação dos Espíritos **de forma responsável**. A reprodução, é fato, pode dar-se sem responsabilidade, porque o ser humano, sendo dotado de livre-arbítrio, faz as suas escolhas e pode mudar os seus caminhos. E também porque muitos são os Espíritos errantes que se apresentam endividados nessa área, tornando-se por essa razão vulneráveis à ação impensada e irresponsável dos encarnados. Mas é através da estruturação familiar que são criadas as melhores condições para o aproveitamento das oportunidades reencarnatórias, não apenas para os Espíritos reencarnantes, como também para os que se lhes fazem pais.

b) Função econômica
Antes da instalação da Era Industrial, a família trabalhava unida, em conjunto, coesa para a própria manutenção.

A educação formal dos filhos praticamente não existia e, por este motivo, os filhos desde cedo contribuíam com a sua força

---

[17] Mateus, cap. 22:39.

de trabalho e com a sua mão-de-obra para o sustento do grupo, até que se tornassem capazes de estruturar e conduzir seu próprio núcleo familiar, o que ocorria relativamente cedo.

Com a industrialização, os membros da família foram sendo retirados do lar para a realização de trabalho externo remunerado, ao mesmo tempo em que cresciam as exigências educacionais da população, resultando em uma necessidade de um respaldo econômico por parte do pai e, logo em seguida, da mãe.

A complexidade da vida moderna carece de uma função econômica bem definida para o grupo familiar, no sentido de suprir as múltiplas necessidades da prole: alimentação, saúde, educação formal, vestuário, lazer etc.

c) Função educativa

"Qual é, para o Espírito, a utilidade de passar pela infância?

– *Encarnando-se com o fim de se aperfeiçoar, o Espírito é mais acessível, durante esse tempo, às impressões que recebe e que podem ajudar o seu adiantamento, **para o qual devem contribuir os que estão encarregados pela sua educação***"[18] (grifo meu).

"*O Espírito dos pais tem a missão de desenvolver o dos filhos pela **educação***"[19] (grifo meu).

Aos pais – como podemos depreender das assertivas acima – cabe a responsabilidade de trabalhar pela educação dos filhos. Isso significa que os genitores ou responsáveis devem estar atentos às tendências que eles venham a apresentar para, através do aconselhamento e notadamente do exemplo, ajudá-los a se modificarem.

A educação deve dar-se, pois, no sentido de favorecer-lhes a aquisição do conhecimento cultural e profissional, mas também de permitir-lhes o exercício da cidadania, sem que se descuide de

---

[18] KARDEC, Allan. – "O Livro dos Espíritos". Trad. J. Herculano Pires. Livro Segundo, cap. VII, questão 383. Ed. EME: Capivari-SP
[19] Idem, idem. Cap. IV, questão 208.

valorizar a sua educação vertical, fomentando a sua compreensão da vida e da própria condição de Espírito imortal, em caminhada ascensional.

d) Função emocional e afetiva
A família reveste-se, ainda, da função de fomentar o desenvolvimento do controle emocional, bem como o do lado afetivo.

Aliás, é na célula familiar que o indivíduo promove continuadamente o desenvolvimento do amor, sob as suas diversas facetas, com o objetivo de credenciar-se para o desabrochar, um dia, da capacidade de amar em plenitude.

Dessa maneira, exercita o amor como filho e o amor como irmão, em seu primeiro estágio familiar, e, quando constitui família sob sua responsabilidade, o amor conjugal e paternal (maternal).

e) Função espiritual
Sendo o homem um Espírito imortal, torna-se indispensável o exercício da religiosidade que conduz intuitivamente, pois o homem conduz inconsciente a necessidade de submeter-se à Lei de Adoração.

Em nossos dias, muitos são os pais que, sob a pressão do materialismo paralisante, descuidam-se de regar de forma adequada a semente dessa religiosidade, o que pode conduzir a resultados extremamente perniciosos no futuro. Ou envereda-se o ser pelos caminhos estéreis e sombrios do materialismo, tornando-se angustiado e incompleto por não se permitir trabalhar o lado espiritual que não deixará de pulsar, dada a sua realidade. Ou se permite enveredar pelos atavismos da crença cega e desarrazoada, resvalando para o fanatismo, expressão mórbida de religiosidade mal conduzida pela ânsia do miraculoso e do sobrenatural.

II - Casamento

II - CASAMENTO

Já referimos antes que, primitivamente, as relações sexuais obedeciam mais à impulsividade instintiva e determinista da *Lei de Reprodução*[20] e que, por esse motivo mesmo, elas eram fortuitas. Mas com o progresso e a maturidade dos sentimentos e da afetividade, foi se constituindo na relação um clima de cumplicidade e de bem-estar social.

A convivência passou, assim, a se revestir de maior importância e se foram estabelecendo e fortalecendo esses vínculos, não apenas no curso de uma existência, mas ao longo da fieira reencarnatória, sob o respaldo do reencontro e das chances de refazimento e de burilamento por eles patrocinados.

Inicialmente, formaram-se os clãs, depois as grandes famílias e, por fim, chegou-se ao tipo hoje predominante da **família nuclear**, como já relatamos antes.

Assim, pelo casamento, os Espíritos têm a possibilidade de retomar o trabalho de aprimoramento pessoal e coletivo, através das oportunidades renovadas de experiências, seja na mesma

---

[20] KARDEC, Allan. – "O Livro dos Espíritos". Trad. J. Herculano Pires. Livro Terceiro, cap. VIII. Ed. EME: Capivari-SP.

posição assumida em vida pretérita, seja em posição diferente. Isso favorece o fortalecimento dos laços de afetividade outrora iniciados, como a instalação dos que não existiam e, ao mesmo tempo, permite se possa contar com o apoio dos seres afins para o trabalho pessoal e íntimo de cada um.

1. Evolução do Casamento

A partir da constituição dos clãs, foram se estabelecendo tabus[21] impeditivos de casamentos entre parentes próximos (pais e filhos, irmãos e irmãs,...).

Nesses tempos mais recuados, ao sentir-se o homem atraído por uma mulher, conseguia-a pela utilização da força, raptando-a do seu grupo familiar.

A partir da consubstancialização das riquezas e do despertar de algum progresso moral, ele passou a oferecer ao pai da mulher desejada um valioso presente para obter o seu consentimento. Passou-se do casamento por captura ao casamento por compra.

Ante essa prática, o casamento se foi transformando em um contrato entre os responsáveis pelos nubentes e, com freqüência, não passava de uma negociação mercantilista ou política. Os pais ou responsáveis costumavam casar seus filhos em sintonia com as suas conveniências sociais, econômicas, políticas etc.

Era, por outro lado, bastante comum que se realizassem festas onde se exercitavam verdadeiros rituais para a celebração das bodas. Mesmo em sociedades mais atrasadas podemos detectar esta prática.

---

[21] Conjuntos de proibições prescritas pelas religiões primitivas, que objetivavam realçar a diferença entre o sagrado e o profano. Os Códigos Civis surgem a partir dessas proibições.

Atentemos para o relato de Alfred Métraux[22], em seu livro "A Religião dos Tupinambás[23]", acerca das cerimônias religiosas que se faziam nessas tribos:

"As cerimônias matrimoniais eram extremamente simples. A tribo por inteira participava de uma grande festa, que consistia em beber, no fim da qual entregavam ao casal uma rede nova em folha. O noivo tinha autorização, pela primeira vez, para provar o cauim[24], que lhe era oferecido por uma pessoa de idade. Essa pessoa de idade, enquanto o jovem bebia, sustentava-lhe a cabeça, com receio de que algumas gotas pudessem cair em terra. Um tal acidente era, com efeito, presságio de que o recém-casado não se comportaria, na guerra, com bastante valor".

Especialmente com a instalação da dogmática da Igreja Romana, o casamento mais e mais se foi revestindo de uma formalidade ritualística, especialmente quando se lhe impôs, compulsória, a necessidade do aval religioso, configurando-o como sacramento.

O certo é que a instituição do casamento, foi sendo modificada com o progresso da Humanidade e, após o Iluminismo, com a instalação da Idade da Razão, quando a sociedade humana se libertou (ou se foi libertando) do jugo da Igreja Romana – que se apresentava com postura de plenipotência e onisciência ante as questões de todo jaez, inclusive sócio-políticas e econômico-financeiras –, passou a constituir um **contrato social** firmado entre um homem e uma mulher, no sentido de usufruírem da vida conjugal, pela constituição de um lar, de uma família e pela

---

[22] MÉTRAUX, Alfred. – *"A Religião dos Tupinambás"*. Trad. Prof. Estêvão Pinto. 2ª edição. Ed. Nacional & Ed. da Universidade de São Paulo: São Paulo-SP.
[23] Os Tupinambás formavam uma das mais importantes tribos primitivas do Brasil nos séculos XVI e XVII. Encontravam-se principalmente na baía de Guanabara, nas margens do rio São Francisco, nas costas do Maranhão e nas praias do Pará.
[24] Bebida alcoólica, obtida por fermentação de diferentes plantas, tais como o milho, a mandioca, o aipim, o caju, o abacaxi etc.

assunção dos direitos e dos deveres inerentes a cada uma das partes, inclusive a responsabilidade sobre a geração, o desenvolvimento e o amadurecimento da prole que dessa relação viesse a resultar. Um contrato com as devidas repercussões e injunções legais.

Clóvis Bevilaqua[25] conceitua o casamento como sendo *"um contrato bilateral e solene, pelo qual um homem e uma mulher se unem indissoluvelmente[26], legalizando por ele suas relações sexuais, estabelecendo a mais estreita comunhão de vida e de interesse, e comprometendo-se a criar e a educar a prole que de ambos nascer"*[27].

Com a ruptura acontecida entre o Estado e a Igreja, o casamento passou a desvincular-se da necessidade premente de um ritual e, em função disso, passou a conferir aos seres humanos maior liberdade de escolha, o exercício de sua capacidade de optar livremente.

2. Casamento e Espiritismo

Muito embora seja permitido ao indivíduo, em nossos dias, usar do seu livre-arbítrio para a escolha do procedimento a adotar, quando da celebração do seu casamento, o atavismo em relação à ritualística matrimonial, tecido pela prática religiosa, mantém-se em grande evidência e não é raro que encontremos até mesmo alguns adeptos da Doutrina Espírita casando-se nas igrejas ou o que é pior engendrando um cerimonial similar e substitutivo na Casa Espírita, em postura indiscutivelmente antidoutrinária.

---

[25] (1859-1944) Jurista, magistrado, jornalista, professor, historiador, escritor e crítico cearense, nascido na cidade de Icó, conhecido internacionalmente. Fundador da cadeira de nº 14 da Academia Brasileira de Letras.
[26] Esta conceituação foi estruturada antes da aprovação da Lei do Divórcio no Brasil.
[27] Apud FRANÇA, Genival V. – "Medicina Legal". Ed. Guanabara Koogan: Rio de Janeiro-RJ.

Não existe o casamento espírita.

É importante lembrar: a cerimônia do casamento é considerada pelas igrejas tradicionais como o sacramento, o rito através do qual a graça de Deus se faz sobre os nubentes consumando o matrimônio.

Aliás, vale ressaltar que, no Antigo Testamento, não se encontra o matrimônio como um sacramento específico, conquanto se entendesse que Deus assegurava esse direito.

Com o tempo, passou-se a adotar um certo ritual por ocasião da união conjugal, mas sem a tutela compulsória da Religião.

A Doutrina dos Espíritos não prescreve cerimoniais religiosos, não adota símbolos ou rituais, não preconiza sacramentos nem se utiliza de paramentos especiais em momento algum, aconselhando, no caso do matrimônio, a proceder-se ao casamento civil, importante para legalização e proteção dos componentes do grupo familiar a que se põem em construção, posto ser parte integrante das leis estabelecidas pela sociedade, visando o seu próprio bem-estar e progresso.

Vale a pena, portanto, repetir:
Não há um **"casamento espírita"**.

Aqueles, pois, que o apregoam no meio espiritista ou não estudaram a doutrina que abraçam ou ainda não lhe assimilaram concretamente os ensinamentos e princípios, mantendo-se ainda estacionados em seu passado religioso.

3. Casamento: Instituição falida?

O casamento é sem nenhuma dúvida, como estamos vendo, uma instituição imprescindível para a promoção do desenvolvimento da sociedade, de vez que é por seu intermédio que se vai estabelecer a base dessa mesma sociedade: suas células, sua estruturação.

É, portanto, sobre o alicerce de um casamento bem realizado que se pode organizar uma família sólida e capaz de permitir o desenvolvimento biológico, psicológico, econômico, moral e espiritual dos seus membros constituintes e, em decorrência, de uma sociedade mais sadia, mais harmonizada e mais equilibrada.

O Prof. Genival Veloso de França[28] discorre sobre a importância do casamento, realçando as suas bases sociais, como se destaca no trecho seguinte:

"O casamento (...) constitui-se numa instituição de relevante significação social, pela formação do lar e da família.

O interesse do casamento é de ordem pública e o vínculo matrimonial se forma em virtude da vontade do Estado; por isso o casamento não pode ser considerado um simples contrato(...), mas um instituto de Direito Público (...)"[29].

O que dizer então dos "profetas do pessimismo", veiculadores da idéia de ser o casamento uma "instituição falida", baseados que estão no elevado índice de separações conjugais?

Ora, em primeiro lugar, devemos compreender que nem sempre o homem utiliza judiciosamente o seu livre-arbítrio, especialmente quando se deixa dominar pela ambição, pelo egoísmo, pela sensualidade, pela paixão.

Além disso, importa entender, que vivemos ainda em um *Mundo de Expiações e Provas*, conquanto em estadiamento de transição para *Mundo de Regeneração*. Por isso mesmo, comporta percentual considerável de Espíritos revoltados contra os remédios salutares da ação expiatória, assim como outros que, embora dominem certos conhecimentos, não os materializam, por inércia

---

[28] Professor Titular de Medicina Legal nos Cursos de Direito e de Medicina na Universidade Federal da Paraíba. Membro Titular da Academia Internacional de Medicina Legal e Medicina Social.
[29] FRANÇA, Genival Veloso de. – "Medicina Legal". Ed. Guanabara-Koo-gan: Rio de Janeiro-RJ.

ou omissão, desembocando no porto amargo da reprovação, ao término de sua jornada.

Mundo em que, pela característica imperfeição daqueles que o habitamos, prepondera a dor e o sofrimento, a aflição e a miséria em todas as suas atividades e não como apanágio exclusivo da relação conjugal.

Outro aspecto a considerar é que o casamento, como no mais todas as outras instituições humanas, passa pelas naturais turbulências do processo de transformação inerentes à fase evolutiva do planeta. Quer dizer, além de sofrer a ação da imperfeição conduzida pelos seres humanos, também é açoitada pelo sopro firme dos ventos das mudanças, capazes de engendrar momentaneamente o caos fomentador da renovação.

A família, porém, se organizará de tal modo, que as relações entre os seus membros, embora mantendo as necessárias hierarquias, primarão essencialmente pelo respeito mútuo, pela solidariedade, pela tolerância e pelo cumprimento do dever.

Haverá, então, a transformação da família engendrada e conduzida pela força e pelo despotismo por uma outra orientada pela ética e pelo entendimento.

Os grupos familiares do futuro se caracterizarão pela fraternidade, pela compreensão, pelo amor à verdade e ao dever. Cada um terá por propósito comportar-se como um elemento de integração e de auxílio para os demais membros.

Aliás, sobre o casamento e sobre essa idéia de ser ele uma instituição falida, auscultemos a posição da falange luminosa dos Espíritos Reveladores:

"O casamento (...) é um progresso na marcha da Humanidade[30] *e a sua abolição seria o retorno à infância da Humanidade e colocaria o homem abaixo mesmo de alguns animais que lhe dão o exemplo das uniões constantes"*[31].

---

[30] KARDEC, Allan. – "O Livro dos Espíritos". Trad. J. Herculano Pires. Livro Terceiro, cap. IV, questão 695. Ed. EME: Capivari-SP.
[31] Idem, idem, questão 696.

Ora, é perfeitamente notável a relevância do casamento nessas afirmativas dos Espíritos, que, primeiramente, fazem ressaltar a evolução das relações humanas com o contrato conjugal e concluem que extinguir a unidade conjugal funcionaria como um retrocesso para o Espírito. Seria como retornar aos tempos primitivos, quando as relações refletiam mais a predominância do instinto sobre a razão, da paixões sobre o sentimento.

Entretanto, reflitamos que, se assim acontecesse, a responsabilidade de cada um seria incalculavelmente maior do que a dos nossos ancestrais primitivos, pois já não o instinto governaria, mas sim o egoísmo, haja vista estarem os nossos conhecimentos indiscutivelmente em patamares infinitamente superiores aos deles.

Nessa situação, teríamos a manipulação do estado instintivo pelo egocentrismo, na ânsia desenfreada e improdutiva pelo prazer sensorial.

4. Enamoramento

Para uma boa parcela dos que renascemos aqui no orbe terreno, a vida física dá-se após um planejamento volitivo e participativo, em que, orientados pelos nossos Maiores, traçamos um específico roteiro de trabalho e de obstáculos a enfrentar, como também nos acercamos dos mais amplos e diversos benefícios ao nosso dispor.

Destarte, muitas vezes firmamos acordo com outros Espíritos destinados à reencarnação, no sentido da constituição de uma determinada família.

A vida trata de colocar frente a frente os que se compromissaram em viver juntos, de tal sorte que, quando se encontram, sentem-se fortemente atraídos um pelo outro, resultando na fase inicial desse processo.

Do ponto de vista físico, pesquisadores têm descrito o eclodir de uma reação neuroquímica por ocasião dessa aproximação, naquilo que se pode denominar de Teoria Química da Paixão. Isso ocorre – assim entendemos –, a expensas do perispírito e se materializa no corpo somático pela produção e liberação, em regiões específicas do cérebro, de determinadas substâncias químicas que atuam como transmissores do impulso nervoso central, denominadas neurotransmissores.

Segundo aquela teoria, o processo segue o seguinte curso.

De princípio, haveria um aumento da liberação de noradrenalina, dopamina e feniletilamina, em áreas específicas do cérebro, promovendo as reações físicas do apaixonamento.

A paixão fala alto aos instintos, atiça o magnetismo animal, suscita o desejo do encontro carnal, toca o inconsciente falando alto ao passado animal e, ao mesmo tempo, à necessidade que têm os apaixonados de selarem o acordo adredemente firmado na Erraticidade.

É comum analisar-se a paixão como um sentimento nocivo, mas isso não corresponde exatamente à realidade. Através dela o Espírito encarnado tem desperto os seus interesses para os objetivos existenciais. Portanto, elas são mesmo uma necessidade de cada um. O que a pode tornar desastrosa é o seu uso abusivo.

Analisemos os ensinamentos ministrados pelos Espíritos Reveladores a esse respeito:

"As paixões são alavancas que decuplicam as forças do homem e o ajudam na realização dos projetos da Providência"[32].

E mais:

"Todas as paixões têm seu princípio num sentimento ou necessidade natural. O princípio das paixões não é um mal e foi dado ao homem para o Bem. O abuso que delas se faz é que

---

[32] KARDEC, Allan. – "O Livro dos Espíritos". Questão 908. Trad. J. Herculano Pires. Questão 908. Ed. EME: Capivari-SP.

causa o mal"[33].

Pode eclodir o apaixonamento, ou seja, a dinâmica químico-cerebral da paixão, de maneira mais ou menos rápida, caracterizando aquilo que se passou a denominar como *"amor à primeira vista"*. Isso, no entanto, como vimos em suas causas espirituais, não corresponde muito bem à realidade, exceto se nos ativermos exclusivamente à presente encarnação. Pois esse *"amor à primeira vista"* tem os seus alicerces construídos em existências transatas ou a partir do desejo pré-reencarnatório de uma vida a dois capaz de restabelecer-lhes o equilíbrio.

A paixão pode, de outra forma, ir se processando em um crescente e de forma paulatina, onde o interesse se vai robustecendo à medida que os dois repetem os seus encontros, por estimulação continuada das reminiscências e permitindo ao perispírito a sua ação sobre o sistema nervoso, à semelhança do que se dá com a produção de anticorpos, a partir da "memória" linfocitária, pelo uso de uma vacina.

Obviamente, nem todos os casamentos foram anteriormente planejados. Isso não impede os Espíritos que passam pela reencarnação compulsória de passarem pela situação acima descrita. Nesse caso, porém, a regência da aproximação dá-se através da lei de afinidades, responsável por manter no mesmo plano aqueles com pontos em comum, seja a partir dos laços de afetividade, seja pela dependência intrínseca de uns para com os outros, no sentido de propiciar as preciosas oportunidades para os devidos reajustes a realizar.

Por outro lado, muitas são as pessoas que se aproximam movidas unicamente pelos interesses materiais, o que as desviam de seus desideratos ou dos desideratos traçados pelas leis naturais para o seu desenvolvimento anímico.

---

[33] KARDEC, Allan. – "O Livro dos Espíritos". Trad. J. Herculano Pires. Questão 908. Ed. EME: Capivari-SP.

Como se vê, há uma perfeita integração espírito-perispírito-corpo somático, concedendo àqueles dois Espíritos, através da paixão, a real possibilidade de se aproximarem, de se buscarem e de trabalharem os laços afetivos capazes de mantê-los juntos por toda a encarnação, como também de criar elos de amizade e afeição entre eles, levando-os ao desenvolvimento de um sentimento mais sublimado: **o amor**.

Tracemos um paralelo entre paixão e amor, através do quadro didático abaixo, que mostra as características de um e de outro sentimento.

PAIXÃO	AMOR
Fortalece o ego	Liberta o "eu"
Impetuosidade	Maturidade
Finita	Infinito
Superficializa o sexo	Sublima o sexo
Excita	Apazigua
É instrumento, meio	É destino, fim

A pesquisa científica tem demonstrado que, após dois ou três anos, efetua-se uma mudança no que respeita ao predomínio dos neurotransmissores já mencionados e liberados em determinadas áreas cerebrais, por ocasião do apaixonamento.

Assim, assumem a prevalência substâncias do grupo das endorfinas, responsáveis, a nível psicofísico, pela manutenção de uma sensação de segurança e tranqüilidade.

As leis biológicas mantêm-se, assim, como se deveria esperar que o fossem, em completa harmonia com as leis perispirituais e espirituais.

Infelizmente inúmeros são os casais que não conseguem tirar o devido proveito dessas possibilidades neurofisiológicas...

5. O Sentimento maior

Reencarnamos todos com a finalidade maior de aprender e desenvolver **o amor**.

É com esse objetivo que o Criador nos fez seres gregários.

A vida acena-nos com todas as possibilidades e potencialidades para o desabrochar desse sentimento que, a bem da verdade, todos conduzimos no mais profundo de nós mesmos, no imo do nosso inconsciente.

O amor é a transformação dos instintos, a sutilização dos sentimentos, o desabrochar do divino na criatura.

Todo o Cosmos, toda a Natureza, toda a harmonia e toda a perfeição existentes expressam-se e conjugam-se pelo amor. O Espírito é, mesmo quando o não sabe, dirigido e regido por este sentimento, atraído de forma irrecusável por ele e impelido para desenvolver no íntimo o gérmen de felicidade que dormita e bruxuleia em ações.

Na deambulação evolutiva pelas estradas palingenésicas, o princípio inteligente vai aprendendo a utilizar os seus pendores instintivos da autoconservação e da perpetuação da espécie, sem nem mesmo desconfiar serem eles os primeiros indícios daquele sentimento maior.

Instintos que se aperfeiçoam e se automatizam ganham foros de sensações que, de sua parte, se transformam em sentimentos a se sublimarem de tal maneira a resplender o vero amor, aquele mesmo que Jesus de Nazaré exercitou e exemplificou entre nós em sua encarnação terrena.

O amor, portanto, vai assumindo, com o progresso anímico, gradações diversas, desde a sua forma mais elementar à mais complexa, desde a mais grosseira à mais transcendental, na tendência infinita do amor de Deus.

O amor de Deus!

Em sua grandiosidade inconcebível, somente pode ser

traduzido, para seres bestiais como nós, através da Sua Misericórdia, da Sua Justiça, da sua Providência. É bastante para concebê-lo, dentro das nossas possibilidades, mirar a Natureza, serva paciente do homem. Quanta beleza a nos encher as retinas da alma em poesia não se lhe excede! Quanta paz não nos infunde a visão do céu estrelado e o frescor da brisa da manhã! Quanta lição de sabedoria na Engenharia Divina em que o homem apenas se inicia no terreno de imitar-lhe alguns poucos espécimes! Quanto sentimento de busca e aconchego não nos proporciona a chuva que cai de mansinho em ritmada coreografia, sob o influxo da sua doce balada!

Ah! Quão imenso é o amor do Criador por Suas criaturas! E como somos ainda tão ignorantes disso!

Mas, dizia eu, o ser evolutivo vai galgando posições. Inicialmente, vai desenvolvendo o amor por si próprio, ignorante que se acha da sua individualidade, estranho que se mostra de si mesmo.

Aos poucos, ele sente todo o universo como se fora seu e feito para si. Tudo gira em torno de si – o egocentrismo.

Mais alguns passos e, por necessidade, é guindado à valorização do clã – ensaios de antropocentrismo.

A Natureza, porém, é vital naquilo que ele considera o seu maior bem: a vida orgânica. Por isso mesmo, o seu sentimento se direciona para ela.

Todos esses passos devem conduzir-lhe ao ponto máximo do exercício amoroso, capaz de infundir-lhe tamanho grau de felicidade, que viver passa a ser, sob quaisquer condições, **um eterno gozo**, resultado de sua sintonia com a Divindade.

No entanto, os caminhos não se fazem em linha reta – embora sem perda do que apreendeu em pretéritas experiências –, mas em espiral, pois o desenvolvimento desse sentimento, como visto, faz-se sob multiplicadas formas. Amor-próprio, amor carnal, amor sentimental, amor filial, amor paternal, amor maternal...

amor-ágape.

O amor de um homem por uma mulher e vice-versa tem, a princípio, o forte apelo animal que tenderá, com o domínio e a administração dos instintos, a uma relação cada vez mais pautada na necessidade de amparar e auxiliar o outro, fruto da verticalização do amor.

O amor filial, embora às vezes se vincule a uniões esponsalícias ou maritais pretéritas, põe o ser sob a tutela do outro, permitindo-lhe desenvolver a estima desinteressada e o respeito incondicional; enquanto os amores paternal e maternal favorecem o desenvolvimento da abnegação e do sacrifício em favor do rebento.

Essas etapas podem ser trabalhadas individualmente mas, no comum, os ensaios se processam em diversas direções e a família, instituição relativamente recente, fruto do progresso espiritual da criatura humana, é o cadinho permissor e depurador dessas variedades múltiplas, pois em uma só encarnação possibilita ao ser o exercício continuado e sob variadas condições daquelas etapas assinaladas.

Amar é conhecer-se tão profundamente, a ponto de se identificar sem receios com todo o gênero humano e mesmo com todas as criaturas e com toda a Criação.

É dispor-se à doação tão completamente, que, quem ama com tamanha magnitude, é transportado à condição maior de **co-criador** com o Pai Celestial.

É comprometer-se com a infinitude dessa criação e da vida palpitante no Universo.

A Doutrina Espírita, por conter as respostas aos questionamentos da existência e definir os rumos da alma em sua romagem terrena e do Espírito em sua peregrinação evolucional, patrocina o desenvolvimento mais firme do amor, porque faz-nos entendê-lo no seu **como** e no seu **porquê**.

Com ela bem compreendida e incorporada aos valores próprios, não se ama por imposição, mas por compreensão; não se ama por comiseração, mas por consideração; não se ama com presunção, mas com humildade; não se ama sob condições, mas incondicionalmente; não se ama unicamente o particular, mas o geral.

A caridade, conseqüência natural da consciência amorosa, não dispensa o conhecimento; ao contrário busca-o e necessita-o para a sua sustentação. Pois quanto mais se conhece o porquê, mais se ama, e, quanto mais se ama, mais se deseja ir ao encontro do objeto desse amor para somar possibilidades, multiplicar emoções, dividir as necessidades e contrabalançar as asperezas que lhe cruzem os caminhos.

O *"amai-vos e instruí-vos"*[34] prescrito pelo Espírito de Verdade não propõe ações separadas, mas concomitantes; não preconiza etapas estanques, mas o estágio próprio do Espiritismo que associa o conhecimento, que liberta, ao amor que felicita; a razão, que lubrifica a mente, ao amor, que odoriza a alma.

"Amai-vos e instruí-vos" é, conseqüentemente, o ponto intermediário da passagem do amor compulsório que até o presente em nós se vem desenvolvendo para o amor bem compreendido e consentido; procurado, trabalhado e burilado pela vontade própria.

"Toda a Lei e os Profetas se resumem em bem amar"[35] , porque o amor em plenitude constitui-se na felicidade tão acalentada e almejada por todos.

6. Tipos de Casamento

Considerações acerca do casamento costumam apresentar-se diversificadas e freqüentemente contraditórias, especialmente

---

[34] Espírito de Verdade *in* "O Evangelho Segundo o Espiritismo". Trad. J. Herculano Pires, cap.VI, item 5. Ed. EME: Capivari-SP.
[35] Mateus, 22:40.

se tomadas em diferentes momentos da relação conjugal e em diferentes posições na esteira do tempo de convivência.

Porém, independentemente do momento e do tempo, também as encontramos múltiplas e contraditórias, isto é, enquanto uns fazem um julgamento favorável, outros o abominam e se mostram arrependidos e ao mesmo tempo irritados por se terem decidido pelo casamento.

A verdade é que as relações conjugais e familiais acontecem entre Espíritos possuidores de vivências pretéritas positivas ou negativas entre si, aproximados pelos laços do amor ou do ódio, para o crescimento espiritual coletivo, para o burilamento individual e para o processamento dos resgates, compulsórios e indispensáveis para a sua paz íntima e a de seus pares.

De acordo com os motivos pelos quais os indivíduos se põem em relação tão íntima – excetuando os de ordem geral, quais sejam o de fomentar o progresso e a fraternidade entre os Espíritos componentes desse nosso mundo de expiações e de provas –, podemos classificar os casamentos em:

a) *Casamentos Materiais*

Nesses casos, o motivo que levou à aproximação dos cônjuges é todo material. Muitas vezes, sob o império da materialidade e do sensualismo, as pessoas casam com os corpos.

Como vivemos em um mundo materialista, grande número dos casamentos deve ser assim classificado, sendo uma das mais destacadas razões para a assustadora estatística dos casamentos malogrados.

Muitas vezes, o rapaz casa com o corpo bem delineado da jovem, com as suas curvas, com a maciez da sua pele... com a sua jovialidade e sensualidade...

A moça, por sua vez, deixa-se atrair exclusivamente pelo porte atlético do jovem, a sua força física, a sua musculatura e agilidade, a sua virilidade... o seu encanto, a sua juventude...

Procura-se quase que exclusivamente um parceiro para o

exercício do sexo periférico. A razão é puramente anatômica, hormonal, sexual.

Não se entenda com isso esteja eu contra os atributos físicos de beleza, saúde e mocidade, entendendo como negativas tais características do corpo e da sua função. Não é isso! O que não se deve, porém, é elegê-las por alicerces da união esponsalícia, pois com o passar do tempo virão as inexoráveis modificações e transformações sobre elas e com isso se vai extinguindo a base da relação.

Quando, então, aquela "gatinha" perde a textura da pele, assume o seu papel de madureza, retifica um pouco as suas sinuosidades... Ou quando o "gatão" é premiado por uma calvície ou embranquece o penteado, amplia o ventre e atrofia os peitorais e se ressente ante as responsabilidades da madureza... Se as razões foram unicamente anatômicas, ela deixa de ser gatinha para transformar-se em "onça"; e ele de gatão passa a "porcão"...

De outras vezes, o motivo para a união esponsalícia é solucionar um problema financeiro, social, familiar etc. Sempre com bases na idéia da vida material.

A esse respeito, vejamos o que afirma o Prof. José Herculano Pires, em seu livro "Pesquisa Sobre o Amor"[36]:

"Os casamentos por interesse são maioria. Os fatores econômicos, políticos e sociais não são os únicos que os determinam. Há também interesses de acomodação: a necessidade de organizar a vida, o desejo de casar da jovem que se julga envelhecer, o sonho de constituir um lar e ter filhos, a impossibilidade de encontrar o outro ideal, as conveniências provenientes de relações familiais e assim por diante. Há também interesses sectários, profissionais e outros mais."

Tais uniões são naturalmente mais fadadas ao fracasso, haja

---

[36] PIRES, José Herculano. – "Pesquisa Sobre o Amor". Paidéia: São Paulo-SP.

vista a necessidade de grande esforço, perseverança e mudança de perspectivas da parte dos cônjuges para a sua manutenção.

Entendamos, porém, que mesmo a relação que teve seu início sem outros motivos mais profundos, e que por esse motivo se finda, costuma gerar laços negativos entre os dois Espíritos, pelo desentendimento, pelos maus-tratos recíprocos, pelos ressentimentos e ódios que engendra, de tal sorte que se põe a carecer de exercício de reajuste e resgate em outro momento palingenésico...

b) Casamentos expiatórios

São aqueles em que os esposos se reúnem para a reparação dos seus atos de desatino em vidas pretéritas. Há casos de Espíritos que se reúnem repetidas vezes para o devido resgate. Pode ser expiatório para ambas as partes ou somente para uma delas, mas costuma caracterizar-se pela dificuldade que se encontra, no cotidiano, na manutenção de uma convivência harmoniosa, pela luta diuturna para manter a serenidade e o casamento, pelas murmurações e imprecações.

Passada a fase do enamoramento, da paixão, da forte atração que se faz, inicia-se o corolário de desentendimentos, a exigir boa dose de paciência, de tolerância e um esforço continuado e hercúleo para que não se perca a oportunidade de refazimento.

Entretanto, se houver vontade firme e a busca por uma convivência fraterna, aproveitando-se inclusive o estágio de apaixonamento, se logrará lançar as sementes da amizade e do amor recíprocos.

Certa vez, ouvi um expositor espírita afirmar que não havia casamentos expiatórios, pois na sua concepção somente o amor era capaz de unir os cônjuges.

Certamente, nosso confrade não levou em conta o nosso estágio, o tipo de mundo que habitamos e, acima de tudo, que não é apenas o amor que aproxima as pessoas. O ódio também assim age. A diferença é que o amor aproxima com laços suaves e libertadores, enquanto o ódio ferreta com laços de aço, jugulantes, escravizantes.

Não foi sem motivo que Jesus exortou-nos a amar o nosso inimigo, a perdoar aqueles que nos injuriam. É que sabia dos laços que são tecidos pelo ódio de parte a parte...

Além do mais, como explicar os casos das pessoas que casam apaixonadas, tendo o sentimento como diretor da sua decisão e que depois descobrem imensas dificuldades no relacionamento, às vezes chegando à dissolução do casamento?!...

A verdade é que o objetivo do casamento expiatório não é fazer sofrer, mas proporcionar a oportunidade de reatamento, promover a possibilidade de se instalar uma centelha de afetividade pelas vivências conjuntas.

Aliás, a expiação, seja qual for a sua dimensão, não tem característica punitiva de fazer sofrer para machucar, mas de educar pelo conhecimento prático, de alertar para o caminho da felicidade.

É bastante entender: o mal é criação do Espírito em curso evolutivo, na sua ânsia inconsciente pela perfeição, quando se desvia do caminho do Bem. Portanto, o mal é autolimitado, extinguindo-se assim que o viajor anímico reencontra, pelo entendimento, a verdadeira senda da felicidade plena.

c) Casamentos provacionais

Aqui, o Espírito, imaginando-se capaz de exercitar a paciência, a serenidade, a solidariedade, submete-se à convivência com outro ainda de difícil relacionamento. Costuma caracterizar-se por uma posição pacífica de um dos cônjuges que releva a intransigência e a grosseria do outro. Por vezes, enquanto um expia, o outro é provado.

Na prática, o que expia, tende a murmurar; e o que é provado, na maioria das vezes, mantém-se resignado.

Não se depreenda, daí, ser imposta ao cônjuge a aceitação de todas as ações negativas do outro, em função de um determinismo provacional ou expiatório, pois ele pode decidir pelo adiamento do resgate/prova, através do divórcio.

Espera, então, que cada um procure ajustar-se o mais possível e colaborar intensivamente pelo exercício da tolerância e da compreensão no sentido de manter a sociedade conjugal.

Entretanto, quando a união esponsalícia se desgasta e descamba para as agressões físicas e morais, aprofundando os débitos de parte a parte ou mesmo unilateralmente, será lícito aos cônjuges (ou a um deles) optar pelo adiamento do resgate e da convivência.

d) Casamentos felizes

Nesses casos são reunidos Espíritos que já lograram criar e robustecer laços de amizade e fraternidade, bem como desenvolver entre si o sentimento do amor, se não em sua plenitude – face ao nosso ainda acanhado estágio evolutivo –, pelo menos em nível capaz de proporcionar uma relação mais ou menos harmônica e feliz.

Não se conclua com isso sejam elas uniões sem nenhum problema ou dificuldade de relacionamento, posto se darem entre seres ainda a caminho do progresso moral e obviamente educados, na personalidade então assumida, em famílias distintas e, por isso mesmo, com diferentes valores.

Mas nesse caso os cônjuges encontram muito mais facilidade na descoberta das soluções para os obstáculos que costumam aparecer, em função do elo amoroso que mantêm, pelas idéias semelhantes que possuem, pelos diversos pontos de vista semelhantes compartilhados.

São os casamentos acontecidos entre Espíritos afins.

O romantismo e o apego a vivências pretéritas, bem como a defesa psicológica de manter a esperança de superar as dificuldades pelo encontrar ou mesmo a fuga do compromisso e do relacionamento com o cônjuge que já se convive, findaram por tentar impor ao real o mito das metades eternas, as tão decantadas almas gêmeas.

Acreditam alguns que Deus criou-nos para uma metade que nos completa, presente em algum lugar do Universo, aguardando o dia do encontro, quando então poderemos ser completados e alcançar a felicidade.

Ora, se houvesse mesmo um Espírito específico destinado a nos completar, é que não seríamos uma individualidade mas apenas metade.

Atendendo a solicitação de um assinante da "Revista Espírita"[37], Allan Kardec questionou ao Espírito São Luís acerca do assunto, tendo depois incluído essas respostas em "O Livro dos Espíritos". Reportemo-nos a tal entrevista:

"– As almas que se devem unir estão predestinadas a essa união desde a sua origem, e cada um de nós tem, em alguma parte do Universo, a sua metade, à qual algum dia se unirá fatalmente?

*– Não; **não existe união particular e fatal entre duas almas**. A união existe entre os Espíritos, mas em graus diferentes, segundo a ordem que ocupam, ou seja, de acordo com a perfeição que adquiriram (...)"[38]* (grifo meu).

"– Em que sentido se deve entender a palavra metade de que certos Espíritos se servem para designar os Espíritos simpáticos?

– A expressão é inexata; se um Espírito fosse a metade do outro, quando separado estaria incompleto"[39].

E Allan Kardec arremata:

*"**A teoria das metades eternas é uma imagem que representa a união de dois Espíritos simpáticos**. (...) Os Espíritos que dela se servem não pertencem à ordem mais elevada. A esfera*

---

[37] KARDEC, Allan. – "Revista Espírita". Trad. Júlio de Abreu Filho. Maio de 1858. EDICEL: Sobradinho-DF.
[38] KARDEC, Allan. – "O Livro dos Espíritos". Trad. J. Herculano Pires. Livro II, cap.VI, questão 298. Ed. EME: Capivari-SP.
[39] Idem, ibidem. Questão 299.

de suas idéias é necessariamente limitada (...). *É necessário rejeitar essa idéia de que dois Espíritos, criados um para o outro, devem um dia fatalmente se reunir na Eternidade, após terem permanecido separados durante um lapso de tempo mais ou menos longo"*[40] (grifos meus).

Portanto, se por alma gêmea compreende-se um ser indispensável à nossa completeza, imprescindível à nossa composição como individualidade, podemos facilmente deduzir dos textos anteriores que isso não corresponde à realidade, não se compatibiliza com a Filosofia Espírita, em seus arrazoados ontológicos.

Somente poderia ser aceitável falar-se de alma gêmea se isso manifestasse claramente a idéia de Espíritos com similitude de gostos e estado evolutivo, e que, por conseguinte, se afinizassem reciprocamente.

Mas como a palavra já possui uma conotação firmada e diferente desta última, preferível é não utilizá-la, e permutá-la por Espírito afim ou alma afim.

É, pois, a união conjugal desses seres que resultam nos denominados casamentos felizes.

Essa modalidade de relação conjugal facilita obviamente a instalação de um clima de maior interação e integração permitindo maior tranqüilidade para os que serão recebidos na condição de filhos.

7. Objetivos do Casamento

A união esponsalícia reveste-se de objetivos biológicos,

---

[40] KARDEC, Allan. – "O Livro dos Espíritos". Trad. J. Herculano Pires. Livro II, cap.VI, questão 303.A. Ed. EME: Capivari-SP.

educativos, morais e espirituais.

Do ponto de vista biológico, porque se equacionam, a partir dela, as necessidades palingenésicas, pela constituição de um lar e por determinar responsabilidade aos seus optantes sobre aqueles componentes que devem submeter-se à adaptação, às condições impostas pelo corpo e pelo meio a enfrentar ante as oportunidades renovadas da vida terrena.

Além disso, favorece e estimula o casal à prática da sexualidade periférica responsável, resultando em possibilidades reais de concepção, ao mesmo tempo em que lhes equilibra as emoções e a afetividade pela satisfação anatomofisiológica, assim como também pela permuta fluídica em corrente eletromagnética a expensas da bipolaridade sexual da relação heterossexual.

De outro modo, funciona o lar como reduto de amparo e conforto, de refazimento e estimulação, de proteção e apoio aos seus constituintes humanos, seja o marido ou a esposa, sejam os filhos.

É a partir da opção pelo casamento que se mantém e revigora a instituição familiar, tão importante para o crescimento do Espírito em estágio carnal, como para o estabelecimento de uma sociedade mais fraterna. Sempre que se protege aquela instituição, mantendo-a sadia em suas relações, se está investindo na formação do cidadão consciente e capacitado a promover mudanças para o advento de um mundo melhor.

O casamento, portanto, patrocina o crescimento anímico e o desenvolvimento moral do ser, pelas possibilidades interativas de posições e pelo estabelecimento dos laços de amizade e solidariedade, de fraternidade e amor.

8. Casamento Formal

Muita gente tem dúvida de quando se deve casar. Se mais

moço ou mais maduro. E obviamente toda decisão nessa área deve ser tomada no foro consciencial de cada um, pois ninguém aqui na Terra sabe das carências e compromissos do outro.

Deve-se primar, porém, pela indispensável preparação para tal proceder. É preciso ter cuidado para não se tomar decisões precipitadas, especialmente quando se está sob o forte influxo e domínio da paixão.

As paixões, já tivemos a oportunidade de afirmar, desempenham a sua função dentro do contexto da nossa vida. Elas são movimentações instintivas capazes de despertar o nosso interesse nesse ou naquele sentido, sendo portanto de ordem natural e repousando, como nos ensina Allan Kardec, em um sentimento ou em uma necessidade da Natureza. Cabe-nos, pois, a partir do uso da racionalidade e da faculdade discernitiva, saber utilizá-las convenientemente, governando-as, administrando-as, transformando-as em chão para as nossas reflexões, mas nunca nos permitindo aprisionar em seus meandros.

Há um dito popular que afirma: *"quem pensa, não casa"*. De minha parte, atrevo-me a complementá-lo, dando-lhe maior objetividade e transformando-o da condição pessimista para a otimista em relação à união conjugal:

"quem pensa, não casa... de olhos fechados", pois vai aguardar o melhor momento, as melhores condições e a melhor pessoa para a tomada de decisão.

Sem dúvida, não se pode viver de utopias, esperando por condições que não são viáveis de serem esperadas dada a sua situação e levando-se em considerações as suas perspectivas de vida. Nem se pode querer encontrar um parceiro perfeito, completamente sem defeitos.

Pondo, no entanto, a razão e o bom senso em funcionamento, as possibilidades de erro se abeiram da nulidade.

Então, é imprescindível ir criando condições materiais, financeiras, afetivas e emocionais para se decidir pelo casamento.

Também não é boa prática acreditar que se vai internalizar a idéia do casamento após consumada a operação legal, do tipo *"quando casar, se acostuma"* ou *"quando casar, muda"*.

O casamento, portanto, somente deve acontecer, quando os dois já se considerem intimamente casados. Em outras palavras, já se considerem emocional e racionalmente marido e mulher.

Por isso mesmo, não consigo entender as famosas despedidas de solteiro, em que tantos (notadamente os homens) se excedem.

Há os que inclusive contratam "profissionais do sexo" para uma noitada de orgia e de excessos.

Penso que se estão a precisar de uma despedida de solteiro é porque não se encontram amadurecidos para o casamento; é porque os sentimentos de união e de aproximação, de compartilhamento e de cumplicidade ainda não se consolidaram nos corações e nas mentes; é porque não se puseram a caminhar lado a lado em uma mesma estrada e direção, o que é um mínimo de condições para se enfrentar a vida conjugal.

Há quem acredite em um mágico poder transformador de pensamentos, sentimentos e ideais exercido pelo ato do casamento, mas isso não corresponde à realidade dos fatos. Nada na vida dispensa o encadeamento, o preparo, o amadurecimento até que se dê a transformação.

Na Natureza, as transformações não se fazem aos saltos. Sendo parte dessa Natureza, criação divina, também reagimos por conseguinte em consonância com as imutáveis e sábias leis do Criador.

Então, não é uma simples (ou pomposa) cerimônia que vai determinar sinta-se esse ou aquele casado.

Por isso mesmo, reafirmamos ainda uma vez: a Doutrina Espírita não adota o ritual do casamento, estimulando seus adeptos à legalização da sua união, através do casamento civil, pelo fato único de conferir proteção jurídica aos componentes do futuro grupo familiar. Mas obviamente deixa a cada um a responsabilidade da decisão.

Destarte, consideremos sempre: nada existe que sancione a realização de casamentos espíritas, ou seja, de cerimônias ritualísticas supostamente espíritas: seja na Casa Espírita ou fora dela.

É verdade que, em decorrência de atavismos, ignorância, teimosia ou personalismo, há quem os realize, mas isso se dá sem qualquer respaldo doutrinário.

III - Perspectivas da Vida Conjugal

III - Perspectivas da Vida Conjugal

Um dos maiores desafios do casamento é saber compreender-lhe e aceitar-lhe as mutações que se sucedem, desde o primeiro momento em que se juntam os corpos para a convivência sob um mesmo teto até a chegada da morte para ceifar a vida orgânica de um deles.

Nesse intervalo de tempo, podemos nos deparar com múltiplas fases, cada qual com as suas características e os seus desafios específicos, mas também plena de possibilidades para o aprendizado vultoso e o crescimento do Espírito imortal que somos todos nós.

Naturalmente essas fases dependem de os cônjuges se permitirem atravessar juntos as estradas do tempo, como também da viabilidade da vida orgânica.

Hoje, com as dilatadas perspectivas de vida média, poderemos encontrar maior número de pares a experimentá-la, desde que se decidam manter o casamento.

A seguir, objetivando didatizar para facilitar o processo reflexivo sobre as diferentes nuanças que se erguem, com o passar do tempo, proponho uma classificação.

1. A Vida de Casado

a) *Fases do casamento*

• *Fase de recém-casados*

O início da vida conjugal, considerado por muitos como a *lua-de-mel*, em alusão aos prazeres do encontro sexual genital, a despeito de ainda conservar o entusiasmo eufórico da paixão e de constituir-se em período de novidades e aventuras a dois, não está imune a dificuldades, não sendo assim tão pleno de mel.

De fato, é nesse momento que se vai passar por um importante período de adaptação à vida conjugal, ao se compartilhar os espaços antes particulares e se descobrir mais profundamente o outro, enquanto ser humano (e não apenas com virtudes, mas principalmente com os defeitos e as limitações, apanágio do estado de inferioridade que nos caracteriza em nosso atual patamar evolutivo).

Há, por tudo isso, um misto de sentimentos, às vezes antagônicos: alegria, pesar, paixão, apreensão, euforia, libido, ansiedade...

Desse modo, essa fase exige de ambos uma postura de condescendência e indulgência, de boa vontade e de resignação, de compreensão e de aceitação do outro, de naturalidade e de camaradagem.

Há que se trabalhar, na prática, a libertação do egoísmo mais arraigado e a superação do comodismo natural do solteiro para o assumir de uma vida com momentos, espaços e objetivos comuns, compartilhados e divididos, como requerido pelo casamento.

Não é sem motivos que isso vai acontecer, com freqüência, justo nesse momento mágico para o casal – de descobertas e de grande ventura –, o que sem dúvida favorece e fomenta o processo de adaptação à vida de casado.

Esta é, pois, a fase de adaptação e de entrosamento. Mesmo quando o casal já se permitiu a intimidades anteriores, nada consegue mostrar-lhe fidedignamente a realidade da relação, quanto a convivência, o dia-a-dia, o enfrentamento coligado das dificuldades da vida.

É, a partir de então, que cada um se vai paulatinamente dando a conhecer ao outro, de forma mais autêntica.

Vamos encontrar essa fase inicial do casamento marcada, de maneira freqüente, por uma intensa e ardente atividade sexual periférica.

• *Fase da realidade*

Após um período que pode chegar até dois ou três anos, na dependência do tempo de namoro e do exercício pré-matrimonial da vida sexual do par, o casamento vai entrando na sua fase mais verdadeira. Primeiro, porque a essa época, via de regra, já existe maior conhecimento mútuo; depois, porque o sentimento se há cristalizado, em decorrência da permuta do apaixonamento pelo amor propriamente dito.

É a primeira *prova de fogo* enfrentada pelo casal, posto ser necessário se haja tecido nesse interregno a manta de um sentimento mais forte, gerador – e não secundário ou exclusivamente dependente – da atividade sexual periférica.

E é, sem dúvida, por esse motivo que **as estatísticas revelam encontrar-se o pico das separações conjugais no segundo ano da convivência a dois**.

Caso o sentimento exista, a relação conjugal permanece satisfatória para ambos os cônjuges, a despeito de já se haverem estabilizado quanto às suas necessidades fisiológicas e afetivas e, por isso mesmo, tenha ocorrido redução na freqüência das relações sexuais pelo encontro das características inerentes ao casal. Em compensação, costuma haver uma intensificação da qualidade do encontro conjugal.

Freqüentemente, fala alto o compromisso assumido na

Erraticidade com os Espíritos que aguardam participar-lhes do lar na condição de filhos (ou, de outra forma, a presença de Espíritos que se lhes afinizem, carentes do retorno à gleba terrena e, portanto, predispostos à reencarnação) pressionando de forma mais ou menos consciente para que o casal acalente o sonho da paternidade.

Sendo assim, encontraremos grande percentual de mulheres que engravidam nos primeiros três anos da união esponsalícia.

Esta fase está caracterizada pela assunção consciente dos compromissos conjugais em toda a sua inteireza.

Aliás, muitos casos de obsessão são tratados com a internação do Espírito obsessor em um corpo físico, na condição de filho daquele(s) a quem perseguia.

• *Fase da paternidade*
A paternidade e a maternidade representam para o ser encarnado, além do natural sentimento de quitação com as leis bioecológicas – pela consciência e o discernimento da magnitude dessa função –, a felicidade de participar da obra da criação, o treinamento para o futuro que o espera, quando da sua desmaterialização, na condição de co-criador com Deus, destino inexorável de todas as criaturas de Deus; assim como também a oportunidade de exercitar o sentimento do amor em relação àquela pequena criança que o Criador entrega-lhe para cuidar e colaborar com o seu progresso espiritual.

Cada filho é especial e apresenta suas peculiaridades bem definidas que se não repetirão com os demais, muito embora os pontos em comum que freqüente e indiscutivelmente apresentam pelas afinidades genético-espirituais.

Esta fase, ocorrendo em um casamento sem maiores conflitos, fortalece o amor entre os cônjuges e costuma ratificar a responsabilidade perante o lar, a família e a sociedade.

O tempo é capaz de promover como já falamos uma estabilização na vida sexual do casal.

Mas é importante que o casal não abra mão do seu relacionamento afetivo, pois, apesar de ser compreensível que os cuidados com o bebê e com a criança nos seus primeiros anos demandem grande esforço e tempo, não raramente vamos encontrar cônjuges que desenvolvem um sentimento de ciúme pelo próprio filho.

Alguns desses casos, apesar de realçarem a insegurança e imaturidade emocional do que se permite atingir, não deixam de ser fomentados a partir de uma certa displicência da parte do outro que, por vezes, se torna monoideico com a atividade maternal ou paternal.

Há, por conseguinte, casos de mulheres que se deprimem por se imaginarem usadas para dar ao marido um filho, que, no seu entender (nem sempre com fundamento), as menospreza depois.

Assim também existem homens que nutrem forte ciúme pelo filho, em função de lhe haver sido retirado, em seu favor, algo da atenção, do carinho e do amor da esposa.

Obviamente que vamos encontrar casos de cônjuges verdadeiramente desleixados e omissos quanto aos seus compromissos como companheiro(a) e esposo(a), engendrando um sentimento de abandono e de indiferença.

Há casos, ainda, especialmente quando muito vigorosas as crises de ciúme, em que as situações de hoje já foram vivenciadas na encarnação anterior. Quer dizer, os dramas e rivalidades do pretérito, muitas vezes de triângulos amorosos ou carências outras, exteriorizam-se indevidamente sob a forma de antipatia e dificuldade de aceitação do filho...

O mais corriqueiro, porém, para o casal cuja relação é estribada no amor, capaz de administrar positivamente suas emoções a dois e cujos laços afetivos são vivenciados naturalmente, é que se torne o casal pleno de alegria com essa novidade, somando esforços conjuntos no sentido de bem cumprir o seu papel de pai e de mãe, auxiliando-se um ao outro e fortalecendo-se mutuamente, ante a materialização do seu sentimento amoroso.

• **Fase da maturidade**
Nesse estadiamento da relação a dois, os cônjuges já têm um grande conhecimento um do outro, já se estabeleceu definitivamente (ou pelo menos deveria se haver estabelecido) o amor e já se extinguiu o ardor ígneo da paixão.

É a fase de maior controle emocional, da racionalidade e da qual se pode retirar grande proveito e felicidade, se as sementes que foram plantadas nas fases anteriores entretinham compromisso com o amor, o respeito, a sinceridade e a lealdade.

Nesta fase, porém, podem ocorrer conflitos importantes para os cônjuges que se mantiveram estacionados na faixa etária anterior e ávidos por aventuras; ou ainda para os que permitiram se enfraquecesse a relação afetiva em nome de outros cuidados domésticos ou extra familiares.

A ânsia pelo refazimento das emoções, pelo reabastecimento das paixões e pela normalização da vida sexual – quando se permitiu o congelamento do prazer e não se consegue acompanhar a faixa etária a que se projetou – podem engendrar a fantasia do adultério e o fazem com alguma freqüência. Primeiro, porque em nossos dias há um apelo intensivo e insistente pela sensualidade; depois, porque os valores morais com uma postura de liberdade sexual se modificaram a tal ponto que se considera socialmente aceitável o assédio sexual a pessoas casadas; e, ainda, pela forma displicente e irresponsável com que se vem tratando em nossos dias a sexualidade de superfície.

O casal precisa acompanhar as transformações que se estão fazendo em seu corpo, em seu psiquismo e na sua vida a dois. O que não significa deixar-se acomodar com o tempo. Ou esquecer de manter acesa a chama da relação conjugal.

Para tanto, deve se empenhar em preservar as atitudes de carinho e de consideração mútuos, buscando sempre novas facetas que se vão estabelecendo na vida do(a) companheiro(a).

Acompanhando o processo de amadurecimento e descobrindo novas qualidades e novos encantos invariavelmente presentes e nascentes em todas as criaturas e em todas as fases da vida.

O amor, o carinho, o cuidado, a atenção, a observação das necessidades (inclusive sexuais), a participação afetiva são os ingredientes indispensáveis para a manutenção do contrato conjugal, mas acima de tudo para que essa manutenção não se dê por acomodação, por medo de recomeçar, mas pelos laços sentimentais que se formaram e pela boa relação que se logrou desfrutar.

É sempre possível fruir da emoção do encontro, da troca recíproca, de novas descobertas...

Um dos graves defeitos é o imaginar-se incapaz de induzir emoções ou senti-las, pelo simples fato do amadurecimento.

Certa vez, após uma palestra sobre o assunto, alguém questionou-me se não era natural o desinteresse mútuo, em função da convivência, a despeito do sentimento amoroso. Ou, em outras palavras, se um casamento feliz não poderia ter fim.

Muitas vezes os cônjuges estão tão acostumados um com o outro que, pela acomodação, deixam de dar-lhe o valor devido. Somente depois que se separam e que o casamento degringola é que virão a recordar a sua validade.

Não é o amor que acaba, mas sim a disposição ou a crença de que é possível viver bem em todas as fases do casamento, tendo prazer e se realizando.

Um outro obstáculo encontrado nessa fase é o medo da morte, pela idéia de que se é um corpo e, desse modo, por vê-lo naturalmente modificado e desgastado pela ação do tempo se procura, como um mecanismo de defesa psicológico, a ilusão do rejuvenescimento, através da relação com pessoas bem mais jovens.

Não se depreenda daí que eu esteja afirmando, de forma peremptória, não existir a possibilidade de dar certo um casamento entre pessoas de diferentes faixas etárias. Não é isso! Mas quando se busca uma pessoa mais jovem para compensar a sua faixa elevada, imaginando que seu comportamento mudará com isso, obviamente se deve repensar o assunto, pois que não se logrará modificar a própria situação biológica. Daí, pode-se deparar com a frustração ao constatar a sua realidade.

Os cuidados com o corpo, com a aparência, com a postura mental de jovialidade não necessariamente carecem de uma relação com pessoa de menor faixa etária.

O que afirmo é que o fato de se ter maior convivência e de se ter amadurecido não são rigorosamente razões para a separação, mas sim o descuido, o descaso, o preconceito...

E isso ocorre também no que diz respeito à vida sexual genital. Pode-se perfeitamente manter grande interesse e inclusive ter ampliado o prazer sexual, posto que, a despeito da redução na freqüência dessas relações, tem-se toda a condição de ganhar-se no padrão de qualidade.

• *Fase de transição*

Um grande percentual das mulheres desenvolve, antes que se instale a denominada menopausa – fase da vida em que a mulher deixa de menstruar por diminuição importante da função ovariana –, uma síndrome clínica em que preponderam sintomas físicos, como calores no corpo; e emocionais, como intensa irritabilidade e instabilidade afetiva; além de certa tendência depressiva.

A diminuição da produção hormonal predispõe, por outro lado, ao desenvolvimento de uma doença em que os ossos se fragilizam como resultado de importante perda de cálcio: a osteoporose.

Como se isso não bastasse, brotam desse momento fisiológico feminino distúrbios psicológicos em que a mulher se sente incapacitada, muitas vezes em nível inconsciente, pelo fato de não mais lhe ser possível engravidar. Isso pode contribuir em grande escala para que a mulher se considere incapacitada para o exercício da sexualidade genital, em decorrência, no mais das vezes, de desinformação e da ausência de realização anterior nesse sentido.

Esses são momentos difíceis para a mulher, que naturalmente requererão do marido (como dos filhos) boa dose de paciência e tolerância.

Apesar disso, aconselha-se procure a mulher nessas condições um especialista médico para auxiliá-la com terapêutica capaz de minimizar suas dificuldades momentâneas.

No homem, pode ocorrer também o que se chama de andropausa, onde se efetua grande diminuição da produção hormonal testicular, podendo levar inclusive à impotência sexual. Esses casos, porém, atingem a um bem menor percentual da população masculina prestes a ingressar na chamada Terceira Idade.

Para o casal, esta costuma ser uma fase conturbada, notadamente se há pendências no relacionamento, mágoas e ressentimentos represados no imo d'alma e nos casos em que não procuram ajuda profissional para aliviá-los em sua problemática orgânica.

Mas se os laços de amizade e amor foram solidamente construídos, o casal se fortalece e até se robustece nesses momentos de crise, seja de que tipo for, inclusive as crises somatogênicas, determinadas pelo desgaste natural através do uso continuado do corpo físico ou pela previsível transformação anatomofisiológica com a qual cada um deve se defrontar como contingência fisiológica da vida biológica.

• *Fase da terceira idade*

Nesta fase da vida, muitas são as pessoas que imaginam nada haver mais a realizar e a viver, especialmente no que diz respeito à vida conjugal. No entanto, preciso é entender cada faixa etária com as suas limitações e dificuldades, mas também com o seu lado positivo, as suas vantagens e possibilidades.

Para todas as etapas existenciais decerto encontraremos os

obstáculos e problemas específicos a elas inerentes (capazes de levar o Espírito ao exercício de sua intelectualidade quanto da paciência, confiança e resignação): da infância à terceira idade.

Sendo isso válido para o casamento, resta aos cônjuges tirarem o maior proveito das vantagens de cada etapa da vida de casados.

Quem, no entanto, imagina encerrar-se a atividade sexual, no período da cognominada terceira idade, encontra-se redondamente equivocado. A sexualidade, ainda veremos adiante, está sempre presente e mesmo a sua forma mais superficial de manifestação – o sexo periférico – ainda é exercitada normalmente nesse período da convivência a dois. É bastante haver um razoável estado de saúde, uma mente aberta, uma maior compreensão sobre a vida conjugal e, naturalmente, o seu ingrediente básico: o amor, para a sua inequívoca e satisfatória efetivação.

Com certeza, as necessidades sexuais dessa faixa etária estão, no comum, menos intensas, no que concerne à freqüência, o que não impede o casal de manter uma vida sexual normal. Além do que, é nessa fase que o casal volta a se encontrar como par desacompanhado, volta a se relacionar mais e a viver mais um para o outro, pois os filhos já se têm, a essa época, no comum, definido na vida, tanto profissional, quanto conjugal, constituindo eles próprios as suas novas famílias.

A manutenção de uma relação salutar até essa fase da vida conjugal é indiscutivelmente importante, posto ser freqüente e difícil a solidão. Além disso, os que chegam à terceira idade costumam se deparar com o distanciamento dos parentes e, assim também, com o escasseamento das amizades, até pelo retorno dos seus amigos e contemporâneos ao mundo espiritual.

Então, é de grande importância para os cônjuges terem um ao outro e, mais ainda, compartilharem o sentimento do amor em seus corações e em sua existência.

• *Fase da separação*
A vida física, todos sabemos, é um estágio pelo qual

passamos e, por conseguinte, compreensível é que chegue mais breve ou mais tardiamente a hora do regresso ao nosso mundo original.

Para o casal, esta é invariavelmente uma hora difícil para o que necessita partir e notadamente para o que permanece.

O passageiro da trilha para o Além vê-se afligido pela preocupação com aquele que permanece na vida orgânica e com as possíveis reações provocadas por sua partida, como também pela solidão gerada; o que permanece encarnado se aflige pela sensação de perda irreparável e pela preocupação com o que se vai deparar o companheiro após a morte e, inclusive, pela dúvida da sua imortalidade. Ambos pela falta um do outro, pela saudade, pela dificuldade (impossibilidade para muitos) de se comunicarem.

Uma vida a dois bem conduzida, onde ambos se esforçam para cumprir da melhor maneira possível o seu papel de esposo (a) e onde se tenham permitido aproveitar as oportunidades de tessitura e fortalecimento dos laços de ternura e amizade, de amor e fraternidade; e onde tenham, de mãos dadas e com o olhar no futuro, semeado e produzido no bem; tudo isso é capaz de atenuar a pungente dor da separação, de facilitar a necessária tranqüilidade e paz da consciência.

Além disso, a presença de uma fé robusta no futuro, como a que nos permite entretecer a Doutrina dos Espíritos, e a certeza de que a morte não existe, mas simplesmente significa uma transferência de planos existenciais.

Por outro lado, todos nós mantemos freqüentes contatos com os "mortos", através dos sonhos e dos pensamentos e, às vezes, até de maneira mais ostensiva pela vias da mediunidade tarefeira.

Tudo isso amenizará o crucial momento da separação e trará consolo e serenidade aos cônjuges separados pelas Leis da Vida e da Morte...

b) Estabilidade e felicidade

Allan Kardec alerta-nos em "O Evangelho Segundo o Espiritismo", citando Eclesiastes[41]:
A felicidade não é deste mundo.
De fato, não há em nosso mundo tão atrasado a felicidade plena, senão vivências felizes.

O casamento, no entanto, por proporcionar às pessoas o encontro de almas que se buscam, o abastecimento das carências afetivas, o substrato para o desenvolvimento do amor e das virtudes dele decorrentes, em outras palavras, as oportunidades de crescimento espiritual e social; e ainda mais, por oferecer o refúgio às intempéries do mundo e um sistema de parceria e cumplicidade no sentido da promoção pessoal e social de cada uma das individualidades que o compõem — sejam os cônjuges, sejam os filhos —, conduz, se bem aproveitados os seus potenciais, a uma estabilidade psicológica e afetiva e a um estado de felicidade relativa, no ponto máximo que se possa esperar neste mundo.

É uma característica da própria vida o aparecimento de instantes difíceis, de vivências tristes, de dores e dificuldades na vida em família. Mas existirá em nosso planeta alguma atividade isenta desses percalços?...

Destarte, não é o casamento, como instituição que se encontra enfermado, mas o próprio ser humano que habitualmente não consegue desenvolver-lhe os potenciais a seu próprio benefício e do seu próximo mais próximo na idade adulta: o seu cônjuge...

c) Problemas e dificuldades

• **Intimidade compartilhada**
Um dos maiores problemas encontrados pelos que se dão

---

[41] Um dos sete livros doutrinais do Antigo Testamento.

em casamento é a adoção particular de uma postura aberta no intuito de levar cada sócio conjugal a abrir mão de um bem cultuado e exercitado na vida de solteiro: **a intimidade**.

Não que o cônjuge não consiga manter lá a sua intimidade, mas esses limites sofrem considerável redução. **Não se pode tecer uma relação capaz de suportar as múltiplas dificuldades da vida, sem que se compartilhe a intimidade um com o outro.** É indispensável que se faça o conhecimento recíproco para o fortalecer da relação e para que se possa aceitá-lo tal como é ou pelo menos discutir as possibilidades de transformações e adaptações de parte a parte.

- *"Nós"; não "eu"!*

Outro problema, de certa forma ainda relacionado com o anterior, é a adoção do **nós**, em lugar do **eu**.

Com a união conjugal, conquanto se deva (se precise mesmo!) manter preservada a identidade e a individualidade, faz-se imprescindível que cada um pense – pelo menos no que venha a repercutir sobre o grupo – como uma sociedade e não como uma individualidade. Quando se pensa no plural, consegue-se levar em conta todos os interesses desde o do membro mais novo até o do "cabeça da família".

O exercício continuado do egoísmo e do orgulho desemboca invariavelmente na dissensão e na discórdia capazes de engendrar grande abismo entre os que se compromissaram em reciprocidade na senda conjugal.

- *Adaptação*

Ao buscar o casamento, o indivíduo deve analisar que está dando um novo rumo à sua vida, pois abrirá o seu coração e a sua existência a pelo menos uma outra individualidade e, usualmente, a outras mais a lhe exigirem amor, atenção, carinho, dedicação e trabalho.

Se cada pessoa constitui um universo em si mesma, a partir

do casamento esses universos se devem corresponder, intercambiar, relacionar.

Sendo assim, compreende-se a importância de se pôr em destaque a necessidade de preparo e boa vontade para a adaptação ao novo regime de vida.

Logo no princípio, os dois associam as suas características e correlacionam os pontos em relação biunívoca, pela interseção dos elementos em comum. Passam, a partir de então, a compor um terceiro conjunto unido por aqueles elementos comuns, mas compostos pelos demais elementos dos dois conjuntos originais.

Dá-se, então, como já afirmamos, uma adaptação à nova vida, com seu novo estilo, renovados ou redimensionados os valores e prioridades, modificados os caminhos e a metodologia para o seu êxito.

Adaptação é, pois, a palavra-chave do bom relacionamento e a preocupação primeira dos recém-casados.

Não nos esqueçamos, porém, que o fenômeno de adaptação é dos mais corriqueiros para o ser humano, em todos os aspectos da relação com a vida biológica e o meio. Aliás, é uma das características que nos habilita ao progresso. Por que não o deveria ser para a convivência esponsalícia?

d) Conflitos conjugais

Ao longo da relação conjugal, não é de se estranhar surjam, aqui e acolá, conflitos os mais variados. Isso se deve, primariamente, ao fato de não se poder encontrar um só Espírito exatamente igual ao outro. É possível, sim, detectar muita semelhança e afinidade, mas não identidade plena, simplesmente por cada um se colocar em patamar evolutivo próprio, com nuanças específicas, com experiências pessoais, resultado do uso que deu ao seu livre-arbítrio e do aproveitamento diferenciado das oportunidades, de acordo com a sua vontade, perseverança e disposição.

Em segundo lugar, as vivências e a educação para cada um, na atual existência, fatores importantes na estruturação da personalidade, dão-se via de regra em diferentes famílias, com linha de comportamento particular, valores e prioridades de vida próprios e diferentes influenciações.

Como se esses dois fatores não fossem por si só suficientes para a geração de conflitos, a eles se associa a problemática do dia-a-dia: as dificuldades de relacionamento, financeiras, psicológicas e sociais, como também a rotina e a descentralização do sentimento em favor de outras prioridades que podem passar a assumir de maneira gradual o espaço da relação conjugal, no mais das vezes sem que o casal venha a se aperceber de imediato.

Anotemos as **causas** mais corriqueiras desses conflitos:

• ***Sexuais***

Mais freqüentes do que se imagina, são uma das mais decisivas e freqüentes a resultar em separação conjugal.

Há casos em que, já desde o início do relacionamento afetivo, manifesta-se uma desarmonia na atividade sexual, em função dos conflitos íntimos, das necessidades pessoais e da educação recebida por cada um, levando-os a divergirem nos conceitos, na forma e na operacionalidade dessa vivência comportamental.

Isso pode, a princípio, ser relevado em nome da emoção e/ou sob a égide da paixão ou mesmo sob a justificativa do compreensível desentrosamento.

Mas com o tempo, mormente quando ambos se mantêm inflexíveis no que tange aos seus conceitos e preconceitos, isso costuma ser a base sobre a qual se fundamenta todo o processo de antagonismo, desaguando na separação. Mesmo porque, às vezes, o casal não toma consciência, não entende ou não se esforça por entender a importância dessa faceta da relação conjugal para o divórcio.

Por outro lado, é muito comum que, após a fase de apaixonamento e um certo tempo de relacionamento marital, especialmente quando nascem os filhos, tenda o casal – ou pelo menos um dos cônjuges – a se descuidar da vida sexual, gerando carências de parte a parte, mas especialmente no outro, ao mesmo tempo em que se vai formando um clima adverso no relacionamento, como ansiedades, revolta íntima, desconfiança etc.

No mundo em que vivemos, de expiações e provas, apesar da sua transição para mundo de regeneração, o ser humano, de um modo geral, ainda se encontra carente do contato físico, da interação genital para a devida permuta de fluidos e de emoções, forma elementar da manifestação de seus sentimentos.

Além do que, em nossos dias, as pessoas são bombardeadas diuturnamente pelos apelos sensuais explorados pela mídia, levando à formação de "clichês mentais eróticos"[42], de desejos, de fantasias sexuais as mais esdrúxulas, aflorando de maneira ainda mais evidente as carências e necessidades.

Também é freqüente veja-se o par às voltas com os mais diversos distúrbios, tais como anorgasmia[43], fobias, conflitos quanto à freqüência e à intensidade das relações, impotência, frigidez etc. Assuntos que abordaremos mais detidamente no capítulo 4.

---

[42] Quadros fluídicos e dinâmicos, criados pela mente através da elaboração do pensamento enfermado.
[43] Incapacidade de chegar ao clímax sexual durante a relação sexual.

Conversar antecipadamente sobre a sexualidade, suas preferências, seus anseios, suas expectativas é, indiscutivelmente, um procedimento capaz de prevenir frustrações, experiências dolorosas e separações conjugais.

• *Psicossociais*
⊃ *Comportamentais*

♣ *Infidelidade*
Sem a menor sombra de dúvida a infidelidade constitui-se no mais destacado e em um dos mais freqüentes problemas com que se depara o casal. Pode-se afirmar mesmo que ela é campeã dentre os fatores determinantes para o fracasso da relação conjugal e conseqüentemente da separação do casal.

Costuma ocorrer em qualquer fase da vida de casado, mas especialmente nos momentos de desencontros na relação, notadamente quando a vida sexual não se mostra satisfatória, seja pelo descaso, seja pelo desinteresse de um dos cônjuges ou pela inconformação com o estado de convivência a dois e daí, por conta da imaturidade, tece seus reflexos na forma de uma busca infrene pela aventura.

Outro fator predisponente é o apelo à sensualidade em todos os níveis da sociedade e a liberação dos costumes, por não haver ainda a humanidade percebido a diferença entre liberdade, lei natural e por este motivo desejo acalentado por todos, e libertinagem, postura estruturada no egoísmo, na sensorialidade e na ânsia imediatista comum aos indivíduos deste momento apocalíptico planetário.

Podemos implicar ainda como outros fatores: a curiosidade, a necessidade de auto-afirmação, a procura por novas emoções, a prevalência do instinto sobre a razão. Todos esses e mais alguns costumam participar do estímulo para a infidelidade.

Há quem afirme que o homem (ser masculino) é biológica e psicologicamente propenso à poligamia e, por essa razão mesma, a infidelidade seria uma das suas características. De minha parte, porém, não vejo a questão exatamente assim.

Sabemos que o macho nas espécies irracionais está sempre disponível para a copulação, enquanto a fêmea só o permite no período do cio, reagindo violentamente se a "corte" é feita fora daquele período.

Isso resulta de um mecanismo da *Lei de Reprodução* para facilitar a multiplicação dos seres e conseqüentemente implementar a reencarnação do princípio inteligente[44], que costuma retornar à carne quase que imediatamente ao fenômeno biológico da morte.

É certo que o Espírito[45] tem arquivado nos arcanos do seu inconsciente as vivências de seu processo evolutivo nos clãs, mas lembremos que o Espírito passa por experiências tanto no pólo masculino, como no feminino, e isso põe por terra aquela hipótese.

A predominância dos instintos e a (des)educação espiritual parecem-me funcionar como as maiores responsáveis pela tendência à infidelidade, pois com as mudanças sócio-culturais que se vêm processando no Planeta, estamos a presenciar um crescimento indiscutível de sua incidência entre as mulheres.

✤ *Má qualidade na relação* – A mulher, após haver ingressado nos caminhos da emancipação, especialmente a partir de sua profissionalização e de haver ganho espaço no mercado de trabalho (hoje compõe 41% da força de trabalho em nosso País), não mais se predispõe a aceitar uma relação desgastada, sem qualidade, onde não existe uma boa comunicação com o parceiro e não se efetua o devido entrosamento.

Modernamente, as pesquisas[46] demonstram que, no Brasil, por exemplo, cerca de 72% das separações conjugais litigiosas são uma iniciativa feminina, por conta dessas alegativas

---

[44] A parte espiritual presente nos seres irracionais e precursora do Espírito.
[45] A grafia com a letra "E" maiúscula é relativa ao ser racional.
[46] "Veja", "Até que o Casamento os Separe", edição 1.641, de 22/03/2000.

discriminadas. Nos Estados Unidos, esses números chegam a cerca de 60%.

Mostram ainda essas mesmas pesquisas que a tendência masculina é manter o casamento ainda que o relacionamento não esteja bem, pois para eles vale mais a família. Já as mulheres cada vez mais rechaçam as relações onde o sentimento não se destaca, não predomina.

Isso aliás confirma uma pequena pesquisa feita em São Paulo, onde se entrevistaram mulheres e homens casados, sendo feita a seguinte pergunta:
— *"O que é o casamento?"*
A resposta masculina foi esmagadora:
— *"Constituição de uma família".*
E a feminina, em fragorosa maioria, foi:
— *"Uma relação de amor".*

♣ *Irresponsabilidade* – Muitas vezes, o companheiro (ou companheira) não se comporta responsavelmente, seja no sustento do lar, seja nas obrigações familiais, passando a pesar sobre os ombros do(a) outro(a) e, com isso, desencadeando o conflito.

Cabe, pois, a quem deseje manter a saúde do casamento, dividir responsabilidades e realizar a sua tarefa no grupo familiar, para que o desgaste não aconteça.

Refletir sobre a sua ação, sobre o seu comportamento, enquanto marido ou esposa, dono ou dona de casa, pai ou mãe, deve ser exercício diuturno e rotineiro para cada um dos cônjuges.

♣ *Ciúmes* – um outro óbice que pode se tornar de difícil convivência é o ciúme exacerbado, do tipo que jugula e oprime.

No comum, o ciúme é gerado por problemas psicológicos resultantes de situações experenciadas na infância ou mesmo em outras relações, levando a uma insegurança.

Por outro lado, a observação de inúmeros casos de infidelidade na sociedade, às vezes cometida por pessoas aparentemente bem casadas, pode ir construindo, aos poucos, um clima de insegurança para a relação, sob forma de reflexo exógeno. Outros casos decorrem da manipulação mental de Espíritos vingativos, que tratam de fazer vir à tona vivências experenciadas em reencarnações pretéritas, muitas vezes criando ilusões, confundindo e fazendo com que a vítima de sua ação embaralhe passado, presente e futuro, em um amálgama confuso e desconcertante.

Especialistas na área do comportamento humano costumam encarar as crises de ciúme com tolerância e até mesmo aceitá-las como positivas, enquanto efêmeras, de freqüência razoável e incapazes de afetar negativamente a relação, constituindo-se mesmo em tempero a ressaltar o sentimento afetivo.

Do contrário, podem causar danos irreparáveis ao bom relacionamento do casal, especialmente quando engendram verbalização, posturas e atos violentos.

O Dr. Ailton Amélio da Silva, professor do Instituto de Psicologia da Universidade de São Paulo, em entrevista concedida à "Revista Veja"[47], respondendo à pergunta – *"O ciúme é bom? –"*, deu a seguinte resposta:

"Só é ruim quando adquire o caráter de obsessão e impede o outro de viver. A ausência de ciúme é danosa. Ele ajuda a preservar o casamento.

É curioso observar que o homem sente mais ciúme quando pensa na possibilidade de sua mulher fazer sexo com outro. A mulher, por sua vez, ao perceber que seu marido pode apaixonar-se, vincular-se afetivamente a outra".

Indiscutivelmente há que se exercitar o diálogo entre os cônjuges, no sentido de tornar clara a sua disposição em relação ao casamento, retificando os laços afetivos, consolidando a

---

[47] "Veja", "Sexo Não é Tudo", edição 1606, de 14/07/1999.

confiança e levando à solução da problemática.

Os casos mais graves costumam ser beneficiados com suporte psicoterápico e o auxílio da terapêutica espiritual.

⊃ *Funcionais*

Com a participação mais ostensiva da mulher no campo profissional, houve uma modificação no perfil do grupo familiar que, até então, era exclusivamente dirigido pelo marido.

Esse fato costuma estar na origem das discordâncias e dos conflitos entre os cônjuges, notadamente no que respeita à assunção das funções no lar, até por desaguar em repetidas permanências da mulher, durante consideráveis espaços de tempo, no ambiente de trabalho, resultando por conseguinte em sua ausência do lar.

Por outro lado, contribuindo econômica e decisivamente para o sustento da família, a mulher exige participação mais ativa nas decisões, resultando não raramente em refregas importantes, capazes de resultar em separação conjugal.

⊃ *Sensoriais*

Existem casos em que os cônjuges se ressentem pelo resfriamento da relação conjugal, pela sua estabilização, ansiando a retomada do espírito aventureiro e desbravador dominante e característico do seu período inicial e da juventude.

Temos testemunhado casais que mantinham um grande grau de afetividade, mas que partiram em busca de aventuras, por pura imaturidade emocional, levando a um desgaste importante da sua relação e, por fim, à separação conjugal.

• *Relacionais*

Nos primeiros tempos, lembramos[48], o casal está

---

[48] Rever capítulo 2, item 4.

freqüentemente regido pela paixão e, no auge do arrebatamento. Depois, aos poucos, a relação tende ao equilíbrio das emoções.

Assim como o ferido de guerra pode não acusar sensorialmente a lesão logo que a sofre, os cônjuges tendem a não perceber as diferenças de comportamento, os pontos de vista antagônicos sob alguns ângulos, as particularidades de cada um no tocante ao cotidiano.

Após a normalização dos ânimos e a convivência da fase inicial do casamento, começarão a aparecer os desajustes. No começo, quanto às coisas mais comezinhas, até que se habituem com as características individuais e passem a respeitá-las reciprocamente.

Com certeza, algumas dessas características pessoais colidirão frontalmente uma com a outra, por se mostrarem completamente incompatíveis. É a partir dessas experiências que os cônjuges iniciam o aprendizado do compartilhar, da negociação justa e da renúncia a alguns desejos, o que **deve valer para ambos**.

Um cede daqui, o outro cede dali, ambos renunciam reciprocamente para um teto conciliador e, assim, se deve ir estruturando a nova vida, posto que agora, além de serem as individualidades, também fazem parte de uma terceira individualidade: a sociedade conjugal. Esta última contém elementos comuns aos interesses das duas primeiras, que, nem por isso, perdem a própria identidade, mas sim assumem responsabilidade pela terceira individualidade emergente: a sociedade que desejam manter para o seu crescimento como pessoas e para a sua integração entre os que participam do desenvolvimento e para a manutenção da comunidade a que pertencem.

Se os cônjuges conseguem compreender o seu papel na estabilidade da relação, a partir das pequenas coisas, pondo acima de tudo a boa vontade, o desejo de fazer feliz ao outro – e, acima disso tudo, o **sentimento** –, a relação tende a se consolidar, a sociedade a se fortalecer e eles próprios a se estabilizarem emocional e afetivamente, sem maiores rusgas.

Em caso contrário, edificam pequenas bolas de neve que tendem a crescer e crescer, até que se tornem incontroláveis...

• *Extraconjugais*
Conciliar a vida pública – profissional, social, etc. – com a vida de casado é fator vital para a manutenção da paz e da harmonia no lar e a higidez dos vínculos esponsalícios.

Não que o casado seja um prisioneiro de seu estado, mas sim que suas obrigações se estendem para além daquelas que o solteiro ou o "descasado" costuma ter. Ou seja, como cônjuge, não deve olvidar que a sua família nuclear dele necessita para o perfeito funcionamento das relações e para atingir os seus objetivos. Então, é de bom alvitre que a esposa ou o esposo informem especificamente e dialoguem sobre as possíveis ausências, em função da sua atividade pública, levando sempre em consideração o preceito áureo:

"Fazei aos outros somente o que gostaríeis que vos fizessem".

Dessa maneira, pondo à prova íntima a sua própria ação, decerto que a possibilidade de desgostar ou lesar o(a) companheiro(a) tenderá a zero.

Destarte, sempre que lhe seja possível, convém programar a atividade familiar, não esquecendo ser necessário a todos, quanto lhes apraz, sair, divertir-se, conversar, estar juntos, confraternizar...

• *Espirituais*
Não se deve imputar à ação dos Espíritos tudo aquilo que conosco acontece de negativo, como se fôssemos sempre suas marionetes e vítimas inocentes. Mas também não devemos negar ou esquecer a sua participação no nosso dia-a-dia, como aliás nos lembram os Espíritos Reveladores em resposta ao questionamento proposto por Allan Kardec:

"– Os Espíritos influem sobre os nossos pensamentos e as nossas ações?

— Nesse sentido, a sua influência é maior do que supondes, porque muito freqüentemente são eles que vos dirigem."[49]

Como nunca estamos sozinhos e possuímos inimigos no mundo espiritual, ao sabor das nossas ações pretéritas, acontece de sofrer o cônjuge ou mais freqüentemente o casal, envolvimentos espirituais, em forma de assédios espirituais[50]. Estes podem evoluir para casos de franca obsessão, com objetivos os mais diversos, sendo porém mais freqüente o intuito de fazê-los falir, de fazê-los sofrer, de vê-los separados, de afligir os seus filhos, enfim, com objetivos negativos, contra os quais se deve resguardar o casal, através de uma vivência evangélica, iniciando-se pela prática do estudo sistemático e, pelo menos, semanal do Evangelho no lar.

É óbvio que não significa unicamente o ato puro e simples de realizar o Evangelho, mas o interesse que esses ensinamentos despertam nos membros familiares e a mudança de sintonia, capaz de tecer em cada um o desejo pelas transformações íntimas...

2. A Empresa Familiar

É possível que a designação *Empresa Familiar* venha a causar estranheza a alguns dos meus leitores, acostumados que estão com a *praxis* do capitalismo selvagem e atendo-se em demasia às distorções, especulações e ganância muito características desse capitalismo em nossos dias. Entretanto, desejo demonstrar que independente dessas práticas, mas atentando para os objetivos e para a relação dos seus membros-componentes, não será difícil compreender a família como tal, posto apresentar

---

[49] KARDEC, Allan. – "O Livro dos Espíritos". Trad. J. Herculano Pires. Livro Segundo, cap. IX, questão nº 459. Ed. EME: Capivari-SP.
[50] Ações esporádicas e limitadas no tempo de um mau Espírito sobre um encarnado.

organização estrutural e hierárquica a despeito de possuir, além dos objetivos materiais, também (e principalmente) os de ordem espiritual.

A empresa familiar tem, pois, objetivos materiais, quais sejam: prover as necessidades biológicas, sociais e educacionais. As biológicas vão desde a manutenção nutricional até as relacionadas com a sexualidade e reprodução. As sociais consistem em dar treinamento para os Espíritos que adentram a atmosfera física, em busca de adaptação, posto ser o grupo familiar a primeira experiência de relacionamento social dos reencarnantes, com indiscutíveis reflexos na conduta da sociedade como um todo.

Sendo assim, se a família é egoísta, teremos uma sociedade caracterizada pelas relações centradas na egolatria. Se o grupo familiar habitua-se ao preconceito e à arrogância, viveremos em uma sociedade de exclusões e privilégios. Se o núcleo familiar traduz sentimentos de ódio e violência, reserva-nos o futuro a vigência do desprezo pela vida e do desrespeito ao direito do próximo. E se a sociedade familiar é estéril de espiritualidade, ainda iremos nos deparar com a teimosia do niilismo e a negação incondicional a qualquer compreensão acerca da Divindade...

As necessidades educacionais supridas pelo grupo familiar não se traduzem apenas pelo encaminhamento dos pequenos à escola, mas especialmente pelo exercício da cidadania, nas mais diversas vivências do plano ético e moral, como também pelo exemplo de vida legado pelos pais.

Além dos objetivos imediatos, referentes à vida na Terra, encontramos na família aqueles espirituais, através dos quais todos os membros encontram as oportunidades para o desenvolvimento dos potenciais anímicos, ao mesmo tempo em que se permitem à resolução de pendências pretéritas, freqüentemente arquivadas para o devido resgate, no sentido da liberação da consciência culpada.

A empresa familiar fundamenta-se no capital dos

sentimentos e da afetividade providos pelos seus sócios, pelos seus membros, proporcionalmente, conquanto para a vida no dimensionamento físico, se requeira o câmbio por moeda do mundo, através do trabalho e da atividade profissional.

Nessa empresa existe naturalmente uma hierarquia, mas no sentido de permitir a cada elemento o cumprimento da sua própria ação, para o funcionamento harmônico geral, cuidando sempre de respeitar e de ressaltar a importância de todos...

A mãe não é mais do que o pai, que, por sua vez, não é mais do que a mãe. E os filhos valem tanto quanto os pais, e vice-versa. O que existem são valores individuais concernentes à condição espiritual e evolutiva de cada um e os valores inerentes à posição funcional que desempenham dentro do contexto familiar...

Elementar que na disposição das atribuições de cada um dos participantes da empresa familiar, apresentem-se os líderes, os condutores, não significando possa quem quer que seja dos seus membros desvalorizar a posição do outro.

A condição de masculinidade ou de feminilidade assumida pelo Espírito, quando reencarnado, expressa situações a serem vivenciadas por cada Espírito, na busca pelo aprendizado, tendo em vista que nesse ir-e-vir vão assumindo corpos diferentes, ora em uma, ora em outra polaridade sexual.

Vejamos o que dizem os Espíritos sobre isso tudo, notadamente sobre os conceitos:

" – ...*deve-se consagrar a igualdade de direitos entre o homem e a mulher?*

– De direitos, sim; de funções não. É necessário que cada um tenha um lugar determinado; que o homem se ocupe de fora e a mulher do lar, cada um segundo a sua aptidão."[51]

Não se deve inferir daí ser proibido à mulher exercer uma profissão, como algumas pessoas poderiam imaginar, mas a

---

[51] KARDEC, Allan. – "O Livro dos Espíritos". Trad. J. Herculano Pires. Livro III, cap. IX, questão 822-a. Ed. EME: Capivari-SP.

relevância apresentada pelo exercício de suas obrigações no que respeita à relação com os filhos, pois conduz as melhores condições de afetividade e brandura indispensáveis ao desenvolvimento dos laços afetivos.

Aliás, a esse respeito, os Espíritos Imortais foram precognitivos quanto ao que está acontecendo em nossos dias, pois, a cada dia, mais mulheres modernas, em nome de uma profissionalização e da assunção de uma postura masculina que imaginam ser igualitária, transferem a sua responsabilidade para pessoas sem a menor condição de exercê-la, até porque não são as mães, em prejuízo daqueles Espíritos sob a sua tutela materna, em experiência pela fase infantil de suas vidas.

Na verdade, os Espíritos Reveladores e também o próprio Jesus ressaltam o valor da condição feminina em nosso mundo. É o que podemos deduzir de seus ensinamentos à pergunta de Allan Kardec:

"— *As funções a que a mulher foi destinada pela Natureza têm tanta importância quanto as conferidas aos homens?*"

"— *Sim, e até maior; é ela quem lhe dá as primeiras noções da vida*"[52]

Ora, recebemos o corpo, por ocasião da reencarnação, nas condições mais compatíveis com as nossas necessidades de crescimento anímico e, se nascemos especificamente como homens ou mulheres, é para bem aproveitar as nuanças oferecidas por cada polaridade sexual.

Em função dessas características próprias de cada sexo, propícias à realização funcional de cada um dos cônjuges, vamos encontrar grandes contrastes no comportamento e postura mental apresentados pelos cabeças do grupo familiar.

Não que ambos não encerrem em si mesmos os potenciais masculinos e femininos, posto que são Espíritos, e, sob essa óptica,

---

[52] KARDEC, Allan. — "O Livro dos Espíritos". Trad. J. Herculano Pires. Livro III, cap. IX, q. 821. Ed. EME: Capivari-SP.

não têm sexo, na forma como se costuma compreendê-lo.

Analisemos, a título de entendimento, um quadro onde se delineiam as características que cada sexo oferece para o desenvolvimento dos potenciais anímicos de cada ser, ou seja, aquilo que a anatomofisiologia – ou seja, a estrutura orgânica e o perfil endocrinológico – é capaz de oferecer ao Espírito, em termos de possibilidades de trabalho e desenvolvimento:

MASCULINO	FEMININO
Tendência a atividade	Tendência à passividade
Força física	Ternura
Competitividade	Sensibilidade
Liderança	Submissão
Intelectualidade	Emoção
Razão	Intuição
Pragmatismo	Simbolismo
Rigidez	Flexibilidade

Não se deve concluir a partir disso que o corpo tenha o poder de determinar a ação do Espírito, mas sim a de auxiliar-lhe o desempenho, sendo dele o instrumento.

Também não é lógico pensar que a mulher e o homem apresentem exclusivamente aquelas qualidades inerentes à sua roupagem carnal, pois sendo Espíritos e já havendo reencarnado em ambas as polaridades, certamente já lograram desenvolver parte dessas faculdades. Ou seja, já adquiriram, através da experiência, as qualidades viris e feminis. Naquela existência, entretanto, costumam prevalecer as características que os corpos em que estão situados melhor viabilizam.

Sendo assim, o Espírito é o resultado dialético dessas possibilidades de progresso. Não é por outro motivo, que vamos encontrar homens mais sensíveis, mais passivos, mais intuitivos do que de costume, como também mulheres mais ativas, mais competitivas, mais racionais do que o comum, e é natural que, com o evoluir, cada vez mais vejamos essa diversificação, conquanto se espere de cada um a manutenção de sua **funcionalidade**.

3. Os Filhos

Há casais que deliberadamente evitam a paternidade, alegando motivos os mais diversos: despesas, trabalho, preocupações, sofrimentos, interferência em sua relação amorosa etc.

Dos filhos, acreditam, prescinde o casamento, sendo perfeitamente dispensável o seu concurso para o cotidiano.

Baseiam-se no adágio equivocado: *"Filhos, melhor não tê-los"*.

Para essas pessoas, a vida conjugal vai passando e, no que pese todo amor, todo sentimento que possam nutrir reciprocamente, vivem uma vida circunscrita aos limites do seu amor exclusivo e por conseguinteególatra, quando não se enveredam na busca dos mais desencontrados prazeres materiais, como água salina que não sacia...

Além do mais, pelo descaso entretecido no tocante à vida, expõem-se a retornar à vida física, em outra romagem terrena, em solitário encontro determinado pelas leis biológicas, na feição de infertilidade, clamando pela libertação desse estado de amor exclusivista, através da adoção.

Apesar disso, ainda se os vê, desperdiçando a oportunidade, inviabilizando o resgate e tecendo as redes contínuas da expiação...

Os filhos são, na verdade – e quem os teve pode confirmá-lo tranqüilamente –, a alegria do lar; a tessitura da afetividade; a materialização do sentimento...

São uma presença estimulante para o trabalho dos pais, para a consolidação dos laços de família, para o desapego do casal...

São mais que isso os filhos: são companheiros e amigos deslocados da vida espiritual para o nosso convívio e, quando não o são presentemente, no futuro o serão, com certeza.

Os filhos estão na empresa familiar com indiscutível papel a desempenhar para o desenvolvimento da mesma.

O amor exclusivista, que se restringe a dois, ressente-se de limitação e enfermidade, pois o amor é sentimento crescente e reluzente e, à maneira da luz, se expande tanto mais quanto mais intenso.

Por isso ilumina o caminho não apenas de um ou dois, mas de todos os viandantes carentes que se demoram na sombra, posto ser a sua simples presença capaz de expansão e envolvimentos indizíveis.

Na relação conjugal, o amor é porta aberta para tantos quantos se nos estejam relacionados ao retorno, pelas leis naturais.

Sem dúvida alguma, os filhos emprestam aos pais uma grande responsabilidade e não são raras as vezes em que a preocupação e o sofrimento batem-lhes à porta. A vida, entretanto, é palco apropriado às nossas lutas. Aprendemos com os seus embates, crescemos com as suas dificuldades e com a dor nela vivenciada.

Quanto aos filhos, como negar proporcionem-nos alegrias e realizações múltiplas?!

O primeiro sorriso, o primeiro dente, os primeiros passos vacilantes, a simplicidade e autenticidade dos sentimentos, a confiança em nós depositadas. E depois o desenvolvimento, a inteligência, a vivacidade, as vitórias, a alegria jovial, a disposição ao perdão... A confiança, o carinho, a admiração, o respeito, a aceitação, a gratidão...

Nossos filhos aprendem muito conosco. Somo-lhes mestres e amigos, exercitamos a função de guias para a sua incursão em nossa época, em nossa sociedade, em nossa civilização, mas quanto eles nos ensinam ou nos ajudam a repensar, a rediscutir o que já acalentávamos como sendo a mais lídima das verdades!...

Muitas vezes, pela nossa forma ainda egocentrista de amar, posamos de seus proprietários, esquecidos do parentesco espiritual que nos une.

Cabe-nos, sim, auxiliá-los no direcionamento de seus passos, conduzi-los pela vida, oferecer-lhes o exemplo do nosso comportamento, doar-lhes os nossos melhores momentos, compartilhando com eles os nossos êxitos e fracassos, como o educador que ocupa o palco para demonstrar a teoria discutida.

Cantemo-lhes e recitemo-lhes invariavelmente a canção do amor e da liberdade, da vida e da responsabilidade, das realizações terrenas e da imortalidade...

Ensinemo-lhes o soerguimento imediato após as quedas naturalmente presentes para todo o que caminha pelas veredas do progresso; a esperança em um futuro de luz; a fé na vida e na paz; a visualização do Bem que sempre existe em tudo, como o ouro em meio ao cascalho.

É da nossa competência, nos albores dessas existências, caminhar por eles; em seguida, caminhar com eles, para, depois, deixá-los seguir os seus próprios passos, torcendo e vibrando por eles, sofrendo com seus passos imaturos, quando já se encontrem na condição de discernimento completo sobre os valores que possuem e que desejam na vida.

Por isso mesmo, devemos saber promover a sua libertação do nosso jugo, porque eles terão a sua própria vida, embora nos conduzam neles, para sempre, nas suas ações e nos seus procederes, nos pensamentos e nas idéias, nos sentimentos e nas emoções...

Os nossos filhos devem receber paulatinamente a possibilidade de decidir, de deliberar, de realizar...

Meditemos nas sábias palavras do poeta Gibran Khalil

Gibran[53], ao pôr, na boca do profeta[54], considerações sobre os filhos, quando para isso foi solicitado:

*"Vossos filhos não são vossos filhos!
São os filhos e as filhas da ânsia da vida por si mesma!*

*Vêm através de vós, mas não são de vós.
E embora vivam convosco, não vos pertencem...*

*Podeis outorgar-lhes o vosso amor,
Mas não os vossos pensamentos,
Porque eles têm os seus próprios...*

*Vós sois os arcos, dos quais os vossos filhos
são arremessados, como flechas vivas,
pelo Arqueiro Divino, para o Infinito".*

4. Separação Conjugal

As estatísticas têm mostrado percentuais elevados e crescentes de separações conjugais, freqüentemente litigiosas, com a aparente transmutação de um sentimento amoroso para ódio, rancor e forte ressentimento.

No Brasil, o número de divórcios cresceu nos últimos dez anos de 10 para 25% dos matrimônios.

Na Inglaterra, chega a 40%, e nos Estados Unidos à espantosa cifra de 60%.

---

[53] (1883-1931) Poeta e pintor libanês, que viveu quase toda a sua vida nos Estados Unidos, tendo alcançado grande prestígio naquele país e também no mundo inteiro.
[54] GIBRAN, Gibran Khalil. – "O Profeta". Trad. Mansour Challita. Associação Cultural Internacional Gibran: Rio de Janeiro-RJ.

Mas quais os motivos responsáveis pelo triste epílogo dessas relações conjugais? Haveria uma tendência do ser humano para tal comportamento? Será que os laços de amizade que se vão firmando, com o decorrer do tempo, são capazes de incompatibilizar a vida sexual, como muitos chegam a afirmar, transformando a relação marido/mulher em uma relação de irmão para irmã?

Não me parece bem fundamentada esta última conjectura, pois é muito reduzido o número dos que mantêm laços de amizade, após a separação, como se deveria esperar a ser ela verdadeira.

Todo processo de ruptura dos laços esponsalícios, seja ou não litigioso, é gerador de muito sofrimento para todos os envolvidos, para todos os componentes da estrutura familiar: cônjuges e filhos. Aliás, é freqüentemente de grande extensão o padecimento dos filhos, especialmente quando crianças, de vez que não lhes é permitido interferir ou participar na decisão, mas são profundamente atingidos, especialmente porque no mais das vezes não conseguem entender os porquês de se virem assim separados da convivência diuturna de um dos seus pais.

Pode-se alegar que, nada acontecendo ao acaso, eles estariam resgatando débitos. Isso é uma meia verdade, pois não estava previsto desde a Espiritualidade que seus genitores se separariam, senão que haveria essa possibilidade. Por outro lado, lembremos sempre da elucidação evangélica quanto à nossa participação como instrumentos da Lei:

"*É necessário que sucedam escândalos, **mas ai daquele homem por quem vem o escândalo***"[55] (grifo meu).

Ou seja, a Lei não depende da nossa instrumentalização para os resgates devidos. Por isso, ao nos tornarmos verdugos do nosso semelhante, contraímos débito a nos clamar pela educação dos instintos e dos sentimentos.

---

[55] Mateus, 18:07.

Observando a exorbitante estatística referente aos casos de separação conjugal e analisando-lhes os contextos, vamos encontrar não apenas uma única causa mas uma múltipla cascata etiológica, variando desde uma falha cometida, quando se tomou a decisão de casar, até aquelas com bases espirituais e inclusive com freqüentes associações dessas causas.

Descreveremos tais fenômenos etiológicos como:

a) Fatores envolvidos na separação

• **Motivos Pré-nupciais**

Vimos anteriormente, na classificação dos casamentos, que grande número deles tem razões puramente materiais em suas bases.

Assim sendo, podemos encontrar casamentos que se constituem em verdadeiros negócios, onde um cônjuge compra literalmente o outro. Usa da sua condição econômico-financeira mais elevada que a do parceiro e o envolve sob promessas veladas (ou diretas) de uma vida com melhor padrão, em situação social mais elevada, com maiores possibilidades materiais; ou onde um cônjuge finge sentimento objetivando o patrimônio do outro.

Às vezes, ocorre mesmo uma permuta tácita ou explícita entre a participação no patrimônio financeiro de um e no patrimônio biológico do outro.

De outras vezes, põe-se o casamento na mesa das discussões comerciais, como se o fato de se associar um capital fosse bastante para levar ao consórcio conjugal.

Há ainda os casamentos devidos a uma atividade sexual irresponsável, resultando em gravidez indesejada que, por um ou outro motivo, não redundou no aborto. Ultimamente, tem havido uma redução dessa causa, porque mais mães (ou suas famílias nucleares) estão assumindo o filho sem recorrer ao casamento como tentativa de solução.

São esses os casamentos não alicerçados em um sentimento

mais profundo, mal planejados ou não planejados, mal conduzidos, mal preparados. Neles não se cogitou o fator tempo ou o dia-a-dia do relacionamento conjugal. Nem se fez uma análise global do seu significado na vida de cada um. O que os moveu foi unicamente uma disposição egoística e/ou intempestiva.

Esses motivos podem dar-se de forma:

⊃ conscientes (menos comuns) ou

⊃ inconscientes

No primeiro caso, um dos cônjuges agiu de má-fé com o objetivo de aproveitar-se do outro, através do casamento, mas já antecipando intimamente o final da união conjugal, quando devidamente satisfeitos os seus objetivos cúpidos ou sensuais. São os casos dos casamentos cujo interesse é se apossar dos bens materiais ou mesmo de uma pensão.

Recentemente, a mídia internacional noticiou o casamento de um famoso ator com uma atriz, em que já se estabeleceram as bases do "negócio": o valor da "indenização", o tempo mínimo de "serviço matrimonial" (ou sexual?) etc.

Dificilmente, nesses tipos de união conjugal, encontramos amor, afetividade verdadeira, disposição para a estruturação de um lar, de uma família, senão objetivos estritamente cúpidos.

Com o devido respeito que nos cabe ter por todos os companheiros de jornada terrena, isso mais parece exercício de prostituição de alto preço.

No segundo caso, o que houve foi desinformação, irresponsabilidade e/ou imaturidade de um ou de ambos os cônjuges. Não se meditou acerca dos valores conjugais, das diretrizes da relação marital, das repercussões sobre a vida de cada um dos participantes, quanto dos que se lhes agregariam, na condição de filhos.

• *Dificuldades adaptativas*

Nesse caso, passada a fase inicial em que prepondera a paixão, o casal passa a acumular dificuldades crescentes no seu relacionamento, despontando as intolerâncias, a inadaptabilidade dos valores de vida de um com os do outro, resultando na maioria das vezes em ruptura já no princípio ou após anos de tentativa de acerto. Há as situações, inclusive, em que se tenta solucionar o problema com a gravidez, mas após o nascimento dos filhos, se vai convencer da impossibilidade de manutenção dos laços conjugais. São esses os verdadeiros casos de incompatibilidade de gênios.

No comum, o casal não procurou o conhecimento um do outro como pessoa ou, o que é mais freqüente ainda e agravante, escondeu-se quase inteiramente sob máscaras.

As máscaras não resistem muito ao tempo, ao relacionamento cotidiano e, assim, ao longo da convivência, delineia-se o autêntico feitio facial de cada um, completamente incógnito para o outro.

É certo que ninguém nunca se mostra exatamente como é para outro, permanecendo algo da *persona* em toda relação. Entretanto, necessário é que o casal conheça o gosto, o temperamento, a personalidade, as reações ante as dificuldades, pelo menos em parte, um do outro, para que possa avaliar devidamente a possibilidade de uma vida a dois.

Quando existem pontos de conflito em áreas fundamentais, áreas vitais, ao ponto de se verem aviltadas algumas convicções e priorizações, as chances de se conseguir uma adaptação satisfatória e capaz de manter a harmonia nas relações do cotidiano são muito pequenas e a probabilidade do casamento ruir após algum tempo é bastante palpável.

Daí, a necessidade do namoro, período em que se pode fazer alguma idéia acerca dessa relação futura. Dessa maneira, desfrutando de maior convivência, mais chance de conhecimento recíproco, maiores serão as oportunidades para a observação dos instantes em que não se logra manter a máscara ocultando a face do eu de cada um.

- *Espírito aventureiro*
Há pessoas que estão sempre em desacordo com o seu momento de vida.

Quando crianças, teimam em manter um comportamento adulto, seja no vestuário, na maneira de ver o mundo, nas posturas...

Na adolescência, fazem-se insatisfeitas e desgostosas com as nuanças próprias dessa fase.

Adultos, insistem em apresentar um comportamento infanto-juvenil...

Assim, existem aquelas pessoas que, após o casamento, teimam em manter uma vida de solteiro, seja eximindo-se da responsabilidade inerente à condição de casado, seja na desesperada busca de aventuras.

São pessoas sempre à cata de fortes emoções e que se desencantam com as emoções mais refinadas que a vida a dois proporciona, após um certo tempo de relacionamento, passando a procurá-las fora do lar, fora do casamento.

Mas ainda que assim não procedam, em função da educação recebida em seu lar, tornam-se desinteressadas pelo cônjuge, sentindo-se garfadas em suas perspectivas e em seus anseios.

Sofrem, sem dúvida alguma, de distúrbios do comportamento e apresentam dificuldade de auto-satisfação.

Quando trazem distorcidos os preceitos ético-morais, tentam induzir o(a) parceiro(a) para relacionamentos bizarros, tais como sexo grupal ou troca de casais.

- *Tédio na relação*
Grande número de casais se deixam distanciar afetivamente, em decorrência de vários fatores, como o peso da responsabilidade familiar, o envolvimento com os filhos, os problemas do dia-a-dia, o desleixo pessoal, além de outras posições insustentáveis do ponto de vista da lógica, como a idade, a vergonha etc.

Ocorre que se esquecem dos primeiros anos de casamento,

do envolvimento afetivo, de destinar um tempo para si mesmos como unidade conjugal.

O tempo, é certo, tem por hábito modificar de maneira inexorável a estrutura somática. Isso, porém, não se dá unilateralmente, mas atinge igualmente tanto o homem como a mulher. Aliás o envelhecimento, sendo progressivo e gradual, passa a não ser percebido, exceto quando se comparam as disposições físicas, a realização de tarefas de fôlego ou as fotografias do passado.

Todo casal deve manter acesa a chama do sentimento, que não se extingue com o passar dos anos, antes, pelo contrário, habilita-se a torná-los mais íntimos e a conferir-lhes maior dose de cumplicidade nas atividades cotidianas como na vida sexual. Posto que a experiência, a segurança, o domínio das atividades suplantam os limites impostos pela estrutura somática, até porque as necessidades se acham transformadas.

Existem pessoas – mais comumente mulheres – que passam a não se considerarem dignas de amar e de ser amadas. Quando muito religiosas, chegam mesmo a relacionar a atividade sexual como algo pecaminoso e, por esse motivo, a se afastar dos maridos e a obstacularizar a sua corte, o seu interesse, desmotivando-o e, com isso, criando um grande abismo na relação.

Tal proceder afasta os cônjuges e desfaz o bom relacionamento, tornando tediosa e penosa a convivência e o contato recíproco.

Nesses casos, costumam transferir a atenção para outro aspecto da vida, seja familiar, seja profissional. Por exemplo, a mãe pode passar a dedicar-se exclusivamente aos filhos ou a um filho especificamente. Pode o marido deixar-se envolver completamente pelo trabalho ou se envolver com alguma viciação, como jogo, bebida alcoólica etc.

São esses os casos de **solidão a dois**, originados pela ausência de diálogo e construídos a partir dos preconceitos que um ou outro – ou ambos – conduzem consigo desde a infância, reflexo, muito freqüentemente, da observação do relacionamento de seus próprios pais.

• *Violência e agressão*
Em praticamente todos os setores da atividade humana podemos detectar a presença da violência maltratando, dilacerando corações, engendrando revolta, determinando traumas e fobias múltiplas.
Assim também no casamento.

Têm sido registrados casos de violência extrema contra todos os membros da família, notadamente do marido contra a esposa e dos pais contra os filhos. Porém, se fossem computados todos os tipos de violência, veríamos quão calamitosa é esta situação, posto que, além da violência de caráter físico, ressalta a de caráter moral, ambas capazes de tolher o crescimento do(a) parceiro(a) pela ameaça inclusive no que respeita a retirar-lhe os direitos garantidos pela Constituição.

Temos visto casos de mulheres que vivem subjugadas sob tortura psíquica, onde os maridos obrigam-nas a aceitar-lhes as colocações e a vontade sob a ameaça de separação, de abandono, de não lhes darem o devido sustento e, até mesmo, de tomar-lhes os filhos. A desinformação e a pouca instrução colaboram para esse estado de coisas, pois como se sabe a guarda dos filhos é preferencialmente dada à mãe.

A **Síndrome da Criança Espancada**, vítima de maus-tratos dos próprios pais ou responsáveis (muita vez na tentativa de atingir um ao outro), é entidade nosológica muito encontradiça no Setor de Urgência dos Hospitais Infantis, apesar da tentativa de ocultar a verdade por parte de quem leva a criança ao médico, alegando causas acidentais para o quadro traumatológico.

Então, são variadas as formas de violência que grassa na família, constituindo-se em motivo mais que legítimo de separação, haja vista o risco de vida a que se expõem os componentes familiares...

• **Obsessões**

Já sabemos que a ação dos Espíritos sobre nós[56] é inequívoca e da freqüência com que se nos deparam os casos de obsessão, assim definida pelo Codificador, em "O Livro dos Médiuns":

"Trata-se do domínio que alguns Espíritos podem adquirir sobre certas pessoas. São sempre os Espíritos inferiores que procuram dominar..."[57]

Sabemos, então, que os Espíritos podem influenciar, através dos pensamentos, não apenas de forma positiva (os Bons Espíritos), mas também de maneira negativa (os Espíritos inferiores). E esses últimos até com mais freqüência, dada a nossa pouca elevação anímica e a nossa sintonia com estados d'alma inferiores e negativos.

Nos casos de obsessão, o motivo mais comum que leva o Espírito a perseguir alguém é a vingança. No geral, são Espíritos que conosco já conviveram, nesta ou em encarnações pretéritas.

Temos observado, nas reuniões mediúnicas de desobsessão, comunicações de Espíritos coléricos, acalentando sentimentos de vingança contra casais específicos ou simplesmente contra um dos cônjuges. Passam a envolver o casal, no sentido de criar a cizânia, de fomentar a discórdia, de semear a desconfiança, enfraquecendo-o e induzindo à separação conjugal...

De outras vezes, após maior envolvimento e maior domínio sobre o obsidiado, são capazes de se insinuar, fazendo com que passe um dos cônjuges a ter sensações diferentes em relação a uma outra pessoa (conhecida, familiar ou mesmo recém-conhecida), confundindo os sentimentos e as sensações.

Ainda se dá que, conhecendo o passado de sua vítima, fazem

---

[56] KARDEC, Allan. – "O Livro dos Espíritos". Trad. J. Herculano Pires. Segundo Livro, questão 459. Ed. EME: Capivari-SP.
[57] KARDEC, Allan. – "O Livro dos Médiuns". Trad. J. Herculano Pires. 2ª Parte, cap. XXIII, item 237. Editora EME: Capivari-SP.

vir à tona emoções por ela experenciadas em outra encarnação com aquela pessoa recém-encontrada, em franco objetivo de induzir-lhe ao adultério e conseqüentemente à separação conjugal, quando não a situações mais dramáticas, pois enquanto induzem a um dos cônjuges ao adultério, envolvem o outro em desconfianças e mesmo rancores, na tentativa do descontrole capaz de levá-lo às últimas conseqüências, como, por exemplo, ao cometimento de homicídio e/ou de suicídio...

Esses casos de separação conjugal arquitetados por inimigos desencarnados são mais freqüentes do que se costuma supor.

O Espírito Thereza de Brito, através da psicografia do respeitado médium e orador espírita carioca José Raul Teixeira[58], afirma sobre o assunto em pauta:

"Não há dúvidas quanto aos cruéis processos de perturbadoras obsessões que, em tomando os incautos quanto os despreparados em suas teias, provocam desastres horrendos, difíceis de ser suportados pelas almas frágeis, uma vez que, sobre o descaimento do tônus afetivo do casal, pesa, ainda, a sanha vingadora ou simplesmente a afinação de estúrdias ou enfermas Entidades desencarnadas."

É óbvio que o encarnado tem como reagir, mas se já vem de uma relação enfraquecida; se já se desmotivou com a relação conjugal; e, mais ainda, se o casal não tem um suporte religioso e moral suficientes, não é dado à vigilância e à oração, amplia-se a possibilidade de êxito da ação obsessora, pela vulnerabilidade apresentada pelo casal (ou por um dos cônjuges).

Levemos em conta sempre que os Espíritos obsessores necessitam de brechas pelas quais se insinuam e logram fazer valer a sua vontade sobre o encarnado e que essas brechas se fazem freqüentemente através das variadas viciações químicas e morais,

---

[58] TEIXEIRA, J. Raul/BRITO, Thereza de. – "Vereda Familiar". Ed. Frater: Niterói-RJ.

pelos desregramentos de toda ordem, os hábitos negativos, a maledicência, a indiferença, o enfraquecimento dos laços de amizade etc. ou simplesmente pelo descaso e o descompromisso para com a vida, a omissão e a inexistência de sentimentos e propósitos de vida elevados.

Aliás, antes de me tornar espírita, um familiar narrou-me o seu encontro com um médium seu amigo que, após anos de ausência, foi à sua residência, quando se manifestou uma entidade auto-intitulada de "Marujo".

Esse meu familiar e sua esposa, não conhecendo o Espiritismo, estavam maravilhados com o relato de fatos da sua intimidade pelo Espírito, motivo pelo qual me descrevia.

À época, eu ainda não era espírita, lhe afirmei não crer nesses fenômenos, ao que ele propôs levar-me à residência do médium para averiguação.

O fato é que descobri que o próprio médium não vivia bem com a sua esposa porque, em um certo dia, manifestando-se para a esposa do médium, não apenas revelou-lhe que o médium havia tido uma relação extraconjugal, como ainda mostrou-lhe uma fotografia confirmando o fato.

Será que a mesma entidade não teria contribuído para a derrapagem do seu marido? Certamente que sim, pois todos criam piamente no Espírito.

E quanto ao meu familiar, sob a alegativa de auxiliar-lhes na relação conjugal estremecida, ao meu ver, piorava-lhes a situação.

Foi, a partir daí, que começamos a nos interessar pelo Espiritismo e viemos a concluir, depois, que a entidade estava relacionada com os cultos afro-brasileiros.

b. *O divórcio na concepção espírita*
Com a aprovação da Lei do Divórcio, muitas pessoas passaram a casar, levando em conta a possibilidade de virem a se separar. Mais que isso, as pessoas já passaram a introduzir em seu

projeto esponsalício a viabilidade de virem a se separar.

Indagado a respeito do divórcio, Jesus esclarece que Moisés permitia ao marido passar carta de desquite à esposa, em decorrência da grosseria e principalmente do egoísmo exacerbado entre os judeus, como aliás fica bem patenteado no trecho descrito por Mateus:

*"Moisés, **pela dureza dos vossos corações**, vos permitiu repudiar vossas mulheres..."*[59] (grifo meu).

Allan Kardec faz uma dissertação sobre o assunto, abrangendo todo o capítulo XXII, de "O Evangelho Segundo Espiritismo"[60], lembrando que o divino no casamento é a união conjugal e que todo casamento deveria ser regido pela Lei de Amor.

Lembra ainda que o casamento, enquanto instituição humana, é passível de erro e, por isso mesmo, a Lei de Divórcio é uma necessidade, para ir em auxílio daqueles que tudo fizeram para salvar o próprio casamento, mas não o conseguindo contam com o direito à reconstituição de suas vidas.

Situação bem diferente vemos ocorrer rotineiramente, com as pessoas se divorciando por muito pouco, sem que tenham feito nem o mais mínimo esforço no sentido de manter o vínculo conjugal e de se adaptar à nova situação, preocupados que estão no comum (ou principalmente) com as coisas do corpo, com a sexualidade periférica, e que sem outra base mais consistente (no caso o sentimento, o amor) perdem o encanto e vêem sua relação tornar-se em simples ato rotineiro e sem vibração íntima.

O Espiritismo, fazendo-nos entender a responsabilidade e o ato volitivo do ser humano na realização do casamento, esclarece-nos sobre a propriedade de se legitimar o divórcio, oferecendo nova chance àquele que não conseguiu estabelecer a harmonia no

---

[59] Mateus, 19:03-09.
[60] KARDEC, Allan. – "O Evangelho Segundo o Espiritismo". Trad. J. Herculano Pires. Cap. XXII. Ed. EME: Capivari-SP.

casamento.

Agora, o fato de ser favorável ao divórcio não significa, em hipótese alguma, tornar-se seu apologista. A Doutrina Espírita não faz apologia do divórcio, aceita e explica racionalmente a sua necessidade em casos específicos.

O casal, no entanto, tem o dever de tentar acertar o passo quanto ao relacionamento, de trabalhar denodadamente para conseguir o seu intento, para bem aproveitar a oportunidade dada pela vida de se harmonizar e de se compreender.

Deveria o divórcio servir exclusivamente aos casos em que o desentendimento recíproco ou polarizado do casal é de tamanho vulto a ponto de mostrar-se vazia de sentido a manutenção da convivência, tornando-se esta convivência infrutífera e mesmo capaz de engendrar maiores débitos...

O que não é admissível é que, pelo fato de se ter a possibilidade de separação pelo divórcio, se venha a casar de maneira irresponsável, sem a imprescindível preocupação com o futuro e já cogitando a separação...

c. Lucros e perdas do desamor

A revista "Época", de 12 de julho de 1999, publicou reportagem com o título acima usado, onde expõe a grande batalha judicial, experimentada por muitos, quando da divisão dos bens do casal, no processo de separação conjugal.

A matéria destaca casos em que o móvel do casamento foi indiscutivelmente a busca por uma pensão de vulto e a cobiça pelo patrimônio do outro. Quer dizer nada mais que uma negociata para a legalização de atividade prostituta, quando o homem desejando a posse da mulher que não cede de pronto aos seus propósitos sensuais, predispõe-se a casar e a destinar determinada quantia em dinheiro, ao se divorciarem. O que ocorre é um simulacro de casamento, do ponto de vista moral, a despeito da sua regularidade quanto às leis humanas.

A realidade é que, entre muitas pessoas – especialmente se

abastadas –, o divórcio traça trajeto tortuoso de volúpia e ambição, como de ódio e de vingança e, baseado nisso, costuma-se afirmar que somente se vem a conhecer o parceiro, por ocasião da partilha dos bens.

Várias são as mulheres que passaram a seguir o exemplo de Ivana Trump que, ao separar-se do milionário americano Donald Trump, abocanhou cinqüenta milhões de dólares e deu a receita:
"Não fique com raiva. Fique com tudo".

A reportagem citada há pouco descreve variados casos de divórcios ocorridos entre pessoas conhecidas no Brasil e no mundo, designando as partilhas milionárias que variam de alguns milhões de reais a alguns bilhões de dólares, como é o caso de Carmen Tita e do Barão Hans von Thyssen.

Expõe, porém, o ódio e a inconformação, as inquietações e insatisfações tanto de quem recebe, como de quem paga.

Há um caso em que a esposa, inconformada com o que era oferecido pelo marido, passou a calcular os custos de sua atividade como esposa nas tarefas domésticas, no cuidado com os filhos ("serviço de babá"?!!!) e mesmo com a possível renda que teria auferido, caso houvesse se dedicado à sua profissão, abandonada após o casamento...

A que ponto chegamos na concepção de casamento!!!... Não que seja errado desejar manter o seu padrão de vida, mas contabilizar a relação é um pouco demais!..

Mas não são apenas as mulheres que exigem grande somas, por ocasião da ruptura do casamento, também os homens já vêm assumindo esse comportamento, quando casados com mulheres milionárias. Foi o que aconteceu com Rafael Lopez-Cambil, ao separar-se de Paloma Picasso, filha do célebre pintor Pablo Picasso: ficou com a metade dos bens da ex-esposa.

Esse estado das coisas levou o advogado Sérgio Marques da Cruz Filho, de São Paulo, especializado em Direito de Família, a afirmar à reportagem da revista "Época":
"Conheço de cor a aritmética do coração: quando existe

amor, somar é possível. Quando bate o ódio, dividir é martírio e subtrair uma compulsão. Os acordos tornam-se quase impossíveis".

Outro experiente advogado, do Rio de Janeiro, Luiz Fernando Gevaerd, assinala na mesma reportagem:
"As pessoas se esquecem que casamento é uma comunhão de afetos e interesses".

Por outro lado, quantas famílias não são abandonadas pelos maridos que se esquivam da responsabilidade devida aos seus dependentes, deixando os filhos e a ex-companheira (freqüentemente sem condições de manter-se a si própria) a enfrentarem graves problemas de sobrevivência, chegando mesmo a experimentarem a fome. Aqueles, a despeito do rigor da lei no que concerne à pensão alimentícia, esquivam-se do dever, não hesitando nem mesmo em abandonarem seus empregos.

Quantos desenganos! Quantas vinganças! Quantas espoliações! Quanto acúmulo de débito e sofrimento para o futuro!

São esses casos indiscutivelmente resultantes dos casamentos mal estruturados, especialmente do tipo material ou então que degeneraram pelo desrespeito mútuo ou unilateral, desembocando na gênese de incontidas mágoas e de nefandos ressentimentos e ódios.

Sentimentos grosseiros e negativos que os mantêm aprisionados espiritualmente e os levarão inexoravelmente a novo reencontro, seja mais uma vez na condição de marido e mulher ou na de filho e genitor (pai/mãe).

Um estudo realizado pela psicóloga norte-americana Constance Ahrons, quanto às relações das pessoas que se separam, informa que 24% tornam-se inimigas ferrenhas e 26%, apesar de se permitirem a algum diálogo, guardam grande ressentimento, desentendendo-se com freqüência. Então, metade dos divorciados tecem laços de inimizade. Somente 12% continuam amigos.

- *"Não quero mais voltar com ele"*

A título de ilustração, analisemos uma história que se passou já faz algum tempo, trazida ao nosso conhecimento pelas portas da mediunidade.

Conta-se que uma senhora, adepta da Doutrina Espírita, estava casada há anos com um homem alcoólatra, grosseiro e irresponsável.

Seu marido causava-lhe, de forma repetida, sérios aborrecimentos, apreensões e aflições, em decorrência da viciação, assim como do gênio e do temperamento difíceis.

Mas aquela mulher, sabedora do significado das afinidades e das causas espirituais do matrimônio, resolvera assumir aquela situação, no que repetia costumeiramente de si para consigo:

– *Hei de suportar este homem, para não ter que vir ainda outra vez com ele!*

Com essa disposição, viu o tempo passar até que, já idosa, ela retornou à Pátria Espiritual. Ali, foi recebida com festa e alegria pelos Espíritos amigos, sendo felicitada pela vitória sobre as vicissitudes a que se expusera, vindo a ser informada tratar-se a sua problemática existencial de uma expiação.

O tempo, ainda uma vez e como de costume, foi caminhando célere para a referida senhora nas terras espirituais até que, em um certo dia, foi abordada pelo seu Mentor Espiritual acerca da necessidade de retornar à gleba terrena.

O Mentor reportava-se amavelmente às provas que ela haveria de assumir na próxima vilegiatura carnal, quando rogou-lhe atenção especial no sentido de prestar auxílio a um Espírito perdido em grande algaravia e passível de ser muitíssimo beneficiado por ela.

Foi então que aquela senhora perguntou-lhe de quem se tratava e o Espírito protetor respondeu-lhe tratar-se de seu ex-marido.

Isso causou-lhe um certo mal-estar e forte surpresa. E, entre confusa e desapontada, argumentou:

– *Mas... meu irmão! Eu tanto que me esforcei para livrar-me, em definitivo, de voltar junto a esse homem! E agora...*

O Espírito amigo respondeu-lhe sereno:

– *Caríssima! Naquela encarnação passada, você expiava atitudes e comportamentos irrefletidos de outrora... Agora, a irmã tem a possibilidade de se pôr à prova, ao mesmo tempo em que exercita a caridade, recebendo por companheiro um irmão desajustado, mas capaz de ser educado pela irmã, através do carinho, do amor e da dedicação!...*

Como a lei divina que prevalece é exatamente a Lei de Amor, aquela mulher voltou a internar-se no corpo densificado de matéria, com a missão de receber em seus braços aquele mesmo Espírito que ela imaginara esquecido no caminho da evolução...

• **Ante a Justiça Divina**

Essas batalhas travadas no palco da justiça humana encontram no Código Divino, através da Lei de Ação e Reação, da Lei do Amor, da Lei do Progresso e da Lei Biológica da Reencarnação, formas de resgate e retorno compatíveis com a responsabilidade e as afinidades entre os Espíritos litigantes.

Sim, falamos "afinidades", e isso não deve parecer incompatível com a situação que procuramos descrever, pois, pelo ódio, pelas mágoas e através do sentimento de ódio, formam-se fortes elos, capazes de subjugar e manter aprisionados uns aos outros os Espíritos com situação mal resolvida no casamento.

O amor tece elos entre os Espíritos que aproximam sem subjugar, pois quem ama não subjuga; antes, liberta.

De outra forma, o ódio também é gerador de fortes elos entre os Espíritos, mas a sua relação é dolorosa, pois o ódio é um sentimento fomentador de mal-estar, em interativa subjugação.

Destarte, estamos unidos pelos laços do amor e aprisionados pelos laços do ódio.

IV - A Sexualidade Humana

IV - Sexualidade Humana

"Eu vos dou um novo mandamento: que vos ameis como eu vos tenho amado"[61].

"Amar a Deus sobre todas as coisas e ao próximo como a si mesmo. Nisso estão contidos toda a Lei e os profetas"[62].

A vida física tem por finalidade maior oportunizar o nosso aprendizado do amor. É para o desabrochar e crescimento deste sublime sentimento, herança divinal em nós, que encarnamos e reencarnamos repetidas vezes.

O amor – vimos – é o sentimento que se vai sutilizando, a partir da ação instintiva, na vivência das multiplicadas sensações.

Por conta disso, vamos encontrá-lo nas suas mais diversificadas fases, sob as inumeráveis facetas assumidas na trajetória evolutiva do Espírito, desde a sua forma mais elementar – o amor egóico – até a mais sublimada, à qual denominaremos de amor-ágape[63].

---

[61] João, 13:34.
[62] Mateus, 22:37-40.
[63] (Ágape, do grego *agapé* = amor). Em alusão aos encontros fraternos que tinham esse nome e eram realizados pelos primeiros cristãos. Neles os discípulos de Jesus se confraternizavam, oravam e ceavam, correndo as despesas por conta dos seguidores mais abastados.

Não é sem motivo que o Mestre de Nazaré acena-nos com o auto-amor[64] para servir de parâmetro no que concerne ao exercício deste nobre sentimento em sua plenitude.

1. Amor e Sexualidade

Na família, núcleo básico de aprendizado na Terra, encontramos as possibilidades práticas para o desenvolvimento do amor, através das relações interfamiliais que ela nos disponibiliza.

Ninguém existe que não ame. De uma ou de outra forma, com essa ou aquela característica, mas é fato que ama. O amor vai sempre estar presente, ainda que grosseiro, distorcido, alienado e aviltado pelo egoísmo...

Sendo um sentimento, ele brota e permanece abstratamente no íntimo de cada um, sendo exercitado e concretizado através da sexualidade.

Então, pelo simples fato de que todos o ostentam em seu elenco de virtudes, resulta que todas as individualidades exercitam continuamente a sexualidade: desde a criança recém-nascida ao idoso, o enfermo como o sadio, o sábio e também o ignorante...

Sendo sentimento, qualquer forma de amor é vivenciada pela sexualidade.

A sexualidade é pois toda a manifestação e exteriorização do amor. É a vivência desse amor em todos os momentos da vida no cosmo e em todos os campos da ação humana, na vida física assim como na espiritual.

Quando dois amigos se encontram e se apertam calorosamente as mãos ou se abraçam felizes...

---

[64] *"Amarás o teu próximo como a ti mesmo"* (Mateus, 22:39)

Quando convivemos instantes e compartilhamos afetividade em grupo...
Quando realizamos alguma atividade em benefício do todo, no sentido de contribuir para o bem-estar da sociedade...
Quando somamos as nossas vozes nas diferentes manifestações populares, pautadas pela união coletiva...
Em todas essas circunstâncias estamos a exercitar a nossa sexualidade.
As relações amistosas dos pais com os filhos e vice-versa, dos irmãos e dos amigos recíproca ou unilateralmente, constituem franco exercício da sexualidade.
Jesus, ao fazer as suas preleções, ao realizar as curas, ao amparar os sofredores, ao estender a mão fraterna em direção do desviado do Bem estava exercitando a sua sexualidade...

2. Sexo Genital

O sexo exerce grande fascínio para o Espírito domiciliado em nosso planeta. Está na cogitação de toda pessoa e também é motivo das mais desencontradas ações e dos mais variados conceitos e... preconceitos

O certo é que a Humanidade apresenta imensa dificuldade quanto ao exercício daquilo que passaremos a denominar de **sexualidade periférica** (atividade de relacionamento físico, comandada pela genitalidade) e também é certo que esse exercício é, para nós, o ponto de partida para problemática de vulto nas relações sociais e individuais.

Na verdade, ao se pronunciar a palavra **sexo**, suscita-se, no comum, a idéia da **genitalidade**, porquanto, no atual estágio de desenvolvimento anímico da Humanidade, observa-se ainda imensa dificuldade de compreensão e mesmo de vivência nesse campo. Aliás, até mesmo a palavra amor – que como vimos é sentimento – passou para muitos a ter o significado de interação genital, em indiscutível confusão da causa com o efeito...

Certa vez, estava eu a discorrer sobre o tema "Amor e Sexo na Visão Espírita", em uma Casa Espírita, e, ao final, durante os questionamentos dirigidos pelo público, uma pessoa da platéia afirmava encontrar-se atônita, perplexa mesmo, pelo fato de haver eu comentado, como já o fiz aqui anteriormente, sobre a sexualidade de Jesus...

E tudo isso simplesmente pelo fato de se tomar o específico pelo geral.

Não que o exercício da sexualidade periférica viesse necessariamente a denegrir a imagem do Mestre de Nazaré, posto ser uma lei natural. O fato, porém, é que eu não me estava referindo à genitalidade de Jesus.

A relação entre um homem e uma mulher, que os atrai física e emocionalmente, conduzindo-os à conjugação carnal, é, pois, uma das variantes do exercício da sexualidade. Variante, sem nenhuma dúvida, de supina relevância, embora, como já o afirmamos, responsável por sérios distúrbios no contexto contemporâneo da Humanidade.

De outra forma, boa parcela das dificuldades com que se depara o ser humano em nossos dias decorre de atavismos cristalizados pelo exercício da religiosidade mal conduzida, sob o domínio das Igrejas, que passaram desde os primórdios a considerar a vida sexual periférica como um exercício pecaminoso e imoral, unicamente aceitável para a reprodução e, ainda assim, com seriíssimas reservas e severas restrições.

A infração de Adão e Eva, entendida de forma literal pelos religiosos, determina a associação de sexo com pecado, de sexo com sofrimento, resultando em problemática existencial conflitante, porquanto cada um já nasceria compulsoriamente sob o guante da dor e do distanciamento de Deus, além do que essa interpretação da culpa transmitida por hereditariedade incompatibilizaria o perfeito entrosamento entre a Lei de Adoração e a Lei de Reprodução, ambas prescritas por Deus para a nossa harmonia íntima e equilíbrio com a Natureza.

A idéia de "pecado original" é, portanto, a responsável pela concepção de sujidade na atividade sexual periférica. Dessa maneira, ao longo de várias experiências reencarnatórias – sempre que estivemos no Ocidente –, foi sendo tecida essa idéia de sexo-pecado, influenciando sem sombra de dúvida na maneira negativa como se vem encarando essa atividade praticamente indispensável para o Espírito encarnado em nosso mundo formal.

Considera-se, por tudo isso, o sexo como atividade pecaminosa, suja, negativa, como se não houvesse sido determinada pelo Criador como instrumento de acasalamento, de aproximação, de treinamento do amor e, ainda por cima, portal para a viagem transdimensional do mundo extrafísico para o mundo material, através do fenômeno biológico da reencarnação.

A mulher, especialmente, tem sofrido a ação negativa dessa percepção tortuosa das funções genésicas, pelas quais ensaiamos os primeiros passos para o exercício da cidadania cósmica, na condição de co-criadores com o Pai Celestial, tal como Jesus o é em relação ao nosso planeta, no afirmar do Espírito Emmanuel, através da psicografia do médium mineiro Francisco Cândido Xavier, em seu livro "O Consolador"[65].

Durante muito tempo, a mulher foi considerada como destituída de alma e por grande período foi impedida de sentir prazer sexual – ou pelo menos de expressá-lo –; foi entendida unicamente como receptáculo para a semente fertilizante masculina e para a gestação e o desenvolvimento dos seus filhos.

A propósito, ainda hoje encontramos tais preconceitos entre grande parte dos povos africanos e pequena parcela dos povos asiáticos, agravados pela mutilação da genitália externa com a extirpação cruenta do clitóris e dos grandes lábios, algumas vezes

---

[65] XAVIER, Francisco C./Espírito Emmanuel. – "O Consolador". FEB: Sobradinho-DF.

em meninas de apenas cinco anos de idade e outras vezes nas adolescentes, como ritual de iniciação que as torna aceitas como mulheres.

Toda essa selvageria objetiva impedir a mulher de sentir orgasmos, sob a alegativa de que assim se impedem ou se faz a profilaxia[66] dos casos de adultério feminino.

Esta absurdidade, infelizmente, é nossa contemporânea e somente após a denúncia de famosa modelo africana radicada na Europa é que se deflagrou um movimento de caráter mundial para a extinção de tais práticas, ainda permanecendo o costume – a despeito das pressões externas – em grande número de países.

Aliás, afora os traumas produzidos pela ignorância acerca da sexualidade humana pelas pessoas já na vida presente – o que as marca por toda a encarnação –, muitos dos problemas psicológicos apresentados na atualidade têm a sua base em violentas experiências semelhantes de mutilação, nesta como em vidas pretéritas...

3. Atividade Sexual

A vivência da sexualidade periférica é o exercício do amor pela instrumentalização do corpo somático e, por conseguinte, nada tem de errado ou de pecaminoso.

De fato, como pensar o contrário se devemos a nossa vida e tudo o mais ao Criador?

Se foi o próprio Deus quem nos planejou os corpos físicos dotados de aparelhagem genital e determinou a relação sexual como caminho para as inexoráveis experiências conducentes ao aperfeiçoamento anímico, por que razão teríamos a função genital

---

[66] Conjuntos de medidas preventivas de um mal ou enfermidade.

como contrária à Lei? E que não me venham apelar para a Bíblia com o mito do pecado de Adão e Eva, porque, em primeiro lugar, se tomarmos tal estória em seu aspecto puramente literal, originaremos daí grande dificuldade para a caracterização da perfeição do Pai Celestial. Depois, porque, já no princípio alegórico da criação bíblica, vamos encontrar Deus exortando a todas as Suas criaturas:

"*Sede fecundos e multiplicai-vos. Enchei e subjugai a Terra*"[67].

Destarte, sabendo-se da perfeição do Criador, é fácil concluir pela impossibilidade de haver erro em Sua produção. Logo nada há de errado com a função genital.

A anatomofisiologia genital, pelo contrário, demonstra a Inteligência Criadora e não é a sua usança, por si só, geradora de sofrimento ou de prejuízos ao Espírito, mas a sua aplicação indevida, na forma quanto nos objetivos.

São funções da atividade sexual periférica:

a) servir de portal reencarnatório;

b) promover o treinamento e o exercício para o desenvolvimento do amor crístico;

c) oportunizar treinamento para o exercício futuro da condição de co-criador com a Divindade, quando na condição de Espírito Puro;

d) permuta de energias de polaridade oposta, concorrendo para a estabilização psicoemocional e fisiológica;

e) deságüe das tensões instintivas relacionadas com o corpo somático.

Sabemos que o ser humano, dada a gritante imperfeição em que se mantém, costuma utilizar as funções e os conhecimentos mais sublimes de forma indevida e nociva. Assim, por exemplo, o

---

[67] Gênesis, 01:28.

fez com o conhecimento da radiatividade, a partir do qual tratou de criar os artefatos explosivos para a destruição; assim também o faz tantas vezes pelo uso negativo, com objetivos os mais grosseiros, da sexualidade periférica.

É necessário para o seu exercício que nos despojemos do egoísmo e que esta atividade represente a manifestação de um sentimento maior pelo(a) parceiro(a). Porém, além da indispensável afetividade, há que se fazer presente a responsabilidade.

Amor e responsabilidade são, pois, os ingredientes imprescindíveis para a prática saudável da sexualidade genital.

Sem essa composição, volvemos à bestialidade instintiva, com o agravante hiperbólico de que não nos poderemos escusar sob a capa da ignorância, quanto aos deletérios efeitos sobre o próximo e sobre nós mesmos, pelo livre-arbítrio e pela capacidade de discernimento que já possuímos, cabendo-nos resgatar com lágrimas e sofrimento as atitudes dissonantes, sob o patrocínio da Lei de Ação e Reação.

4. O Sexo no Casamento

Anteriormente já nos reportamos ao fator sexual na gênese dos desentendimentos conjugais e mesmo como um importante determinante do divórcio.

Isso se deve freqüentemente à ausência de diálogo sincero acerca das necessidades, das preferências e carências de parte a parte.

Há, ainda, diversas mulheres que receiam (muitas vezes com razão) que seus maridos venham a julgar de maneira distorcida as suas colocações nesse sentido. Decerto, muitos homens tomariam esse tipo de observação como uma crítica à sua masculinidade e capacidade de fazer uma mulher feliz ou até como resultado de uma experiência extraconjugal, determinando uma analogia feita por sua parceira entre a performance do pretenso amante e a sua.

Do ponto de vista masculino, não raro evidencia-se a idéia de pecado, de ato imoral ou de imaginar que sexo genital com a esposa somente deve objetivar a fecundação e a satisfação dele mesmo. Por outro lado, o orgulho masculino também contribui de forma relevante.

Para a saúde do casal, é imprescindível se passem a conhecer e se descobrir, desvestindo-se em suas nuanças, em suas preferências e em suas necessidades, em exercício indispensável para a sua maturação como par.

Isso deve acontecer de parte a parte, com cada um observando o parceiro e, ao mesmo tempo, revelando-se paulatinamente, não deixando de expressar suas fantasias, sonhos e anseios nessa esfera.

Em tese, costuma-se afirmar a validade de qualquer forma de relação sexual para o casal. Há, no entanto, que se observar alguns pontos:

a) o respeito à vontade do cônjuge;

b) o cuidado para não normatizar o inabitual, tecendo viciações distorcidas da mecânica do intercurso sexual;

c) as repercussões morais;

d) o discernimento dos limites entre o aceitável e o inaceitável.

Em verdade, algumas práticas de que se tem notícia maculam a relação, modificam o relacionamento e se distanciam dos objetivos do casamento. Uma delas é, sem dúvida, a denominada "troca de casais", onde, de forma consciente, direta ou disfarçada, se permutam os parceiros para "aventuras". Indiscutivelmente que, além da ausência de um sentimento entre os que assim agem, incentiva-se a prostituição, a promiscuidade e se distancia do progresso alcançado com a monogamia[68].

---

[68] Rever capítulo II, item 3.

Há, pois, que se estudar em cada relação o perfil do cônjuge e observar possíveis insatisfações e desajustes, primando sempre pela instalação de um diálogo sincero e amigável, compatível com pessoas que se amam, se respeitam, se admiram e se prezam.

O diálogo, é bom ter em mente, significa emitir e receber opiniões e pensamentos, visando estabelecer um ponto em comum.

Diálogo, pois, pressupõe comunicação, associação de idéias, pontos de vista compartilhados.

A busca de tornar o parceiro feliz, sem resultar em auto-anulação, deve fazer parte do pensamento de cada um dos esposos.

Nos casos mais complicados, não hesitar em procurar ajuda de profissionais capazes de diagnosticar e tratar um possível distúrbio nessa área.

5. Comportamento Sexual

O exercício da sexualidade está freqüentemente eivado de desatinos, de atitudes dissonantes com as leis que regem o caminhar ascensional do Espírito, em conseqüência do egocentrismo, do apego aos gozos terrenos e da fixação do ser humano à vida na carne.

Uns escravizam o(a) parceiro(a), outros se detêm monoideicos em práticas perturbadoras, sem finalidades positivas, sem a ingerência dos sentimentos: o sexo pelo sexo, o prazer sexual pelo prazer sexual... E por não encontrarem a satisfação de seus anseios – pois esta somente se fará completa quando o amor for o motivo primordial da relação –, entregam-se às viciações, aos descaminhos, às extravagâncias...

Todas essas ações permanecem impregnadas em suas mentes, desajustando-lhes vibratoriamente o perispírito e determinando-lhes o aparecimento de enfermidades variadas nesta como em outras encarnações.

Dessa maneira, se pode explicar grande parte dos casos de infertilidade e esterilidade, dos desajustes no relacionamento sexual, das disfunções orgásmicas etc.

Ao assumir um corpo somático, ingressando na dimensão material, cada Espírito escolhe ou é conduzido a uma polaridade sexual.

Didaticamente, classifica-se o sexo sob vários aspectos de tal maneira que se pode falar de um
• **Sexo genético** – leva em conta a presença ou não do cromossoma **y** (cromossoma sexual masculino);
• **Sexo somático** – considera a anatomia e a fisiologia;
• **Sexo psicológico** – observa os padrões psíquicos e comportamentais;
• **Sexo social** – aquele que a pessoa apresenta e é aceita no meio social.

No que respeita ao comportamento sexual do ser humano, poderíamos elencar quatro situações vivenciais, especialmente quanto à identidade sexual[69]:

a) Inter-sexualismo
Condição em que o Espírito, por distúrbios magnético-vibratórios no nível dos órgãos perispirituais análogos à genitália, fruto de suas ações em vidas pretéritas, nasce com uma ambigüidade da genitália, compondo o quadro clínico chamado de pseudo-hermafroditismo.

Nesses casos, o indivíduo não tem a genitália externa bem estruturada, podendo ter uma pseudovagina, um clitóris aumentado, os testículos nas regiões inguinais etc.

Enfim, não existe uma definição da sua genitália externa.

---
[69] Ver "Forças Sexuais da Alma", do Dr. Jorge Andréa dos Santos, Ed. FEB, Brasília-DF.

São pessoas que, do ponto de vista genético, apresentam-se com um sexo determinado, mas que sofreram interferência processual, quando se estavam formando as estruturas componentes do seu aparelho reprodutor.

b) Transexualismo

Neste caso, o que ocorre é uma dissociação entre o perfil psicológico e a anatomofisiologia do paciente. Assim, a pessoa mostra uma organização biológica sadia e competente do ponto de vista funcional para um sexo, porém comportamento psíquico mais compatível com o do sexo oposto.

Desse modo, teremos um homem mais delicado, mais sensível do que o usual, pouco viril, muito embora, homem...

E uma mulher dominadora, viril, enérgica, agressiva, mas, apesar disso, mulher. A esse despeito, porém, é heterossexual, quer dizer, mantém relações genitais exclusivas com pessoas do sexo oposto.

c) Homossexualismo

São as situações em que a pessoa passa a manter contatos sexuais periféricos (genitais) com outra(s) do mesmo sexo, por seu livre-arbítrio, por sua vontade própria ou induzida por processos obsessivos importantes.

Pode ocorrer com um transexual que não conseguiu sobrepor sua dicotomia corpo/psiquismo, mas também com pessoas que nada têm de transexual e, portanto, com psiquismos perfeitamente compatíveis com seus corpos, muitas vezes como resultado de viciações ou busca de aventuras e outras emoções.

Precisamos entender as dificuldades de cada um, posto que todos temos falhas e problemas a solucionar em nosso modo de ser. No entanto, saibamos: não se nasce para tomar atitudes antinaturais, senão para vivenciar as oportunidades oferecidas pela nossa atual configuração biológica, familiar, social e cultural... É, portanto, uma questão ancorada no livre-arbítrio de cada um.

Sigmund Freud[70] imaginava ser o homossexualismo masculino a resultante de uma repressão do desenvolvimento psicossexual, com má resolução do complexo de Édipo e temor à castração.

Bieber[71] relaciona o quadro a vivências com uma mãe sufocante e sedutora e/ou pai hostil, passivo, isolado ou ausente.

A Psicologia Humanista adota simplesmente ser o homossexualismo uma questão opcional do ser humano, havendo mesmo profissionais que chegam a incentivar os pacientes que lhes chegam em situação de conflito íntimo a assumirem uma conduta homossexual.

A Associação Americana de Psiquiatria, em abril de 1974, excluiu o homossexualismo do quadro relacional dos transtornos mentais, sugerindo que se considerem patológicos apenas os casos de homossexualismo egodistônico, ou seja, aqueles em que os pacientes não se aceitam na condição de invertido sexual.

A verdade é que o homossexualismo mostra-se bastante variado e polimorfo em suas origens, sendo possível, para efeito de estudo, relacionarmos as causas:

• **Morais** – quando o indivíduo, pelos excessos e desrespeitos com o sexo oposto, reencarna em corpo diferente daquele da sua última experiência física para valorizar o sexo oposto por ele desprezado e aviltado. Como mantém-se preso psicologicamente à polaridade sexual anterior, reencarna na condição de transexual.

Muitas vezes, porém, o Espírito, diante dos conflitos íntimos, não se conforma com a determinação expiatória da Lei e assume uma conduta homossexual, desprezando aquela oportunidade.

• **Educacionais** – quando se tem destacada a influência da

---

[70] (1856-1939) Psiquiatra austríaco, considerado o pai da Psicanálise.
[71] Na obra "Inversão Sexual".

família, do meio social ou de vivências pretéritas em sua formas de ver o mundo. Dentre essas, podemos anotar:

⊃ Atávicas – pela força de vivências em sociedades onde o homossexualismo era uma prática aceita sem maiores restrições, por exemplo, na Grécia Antiga.

⊃ Pressões Sociais – a família, os meios de comunicação, o apelo sensual e os estereótipos folcloricamente associados a certas profissões podem funcionar como fatores de indução da pessoa para o homossexualismo.

⊃ Desejo Inconsciente dos Pais – casos existem em que o Espírito recebe uma forte carga volitiva de seus genitores para determinada polaridade sexual, já no período intra-uterino, o que não deixa de permanecer em seu inconsciente, vindo a representar um fator a mais em sua definição (ou indefinição) psicológica quanto à sua opção sexual.

⊃ Viciações – há certos momentos em que a convivência quase exclusiva com pessoas do mesmo sexo e a ausência de possibilidade de intercurso com o sexo oposto podem levar algumas pessoas à prática homossexual, sendo que algumas dessas pessoas se viciam e assim se mantêm após aquele estado de exceção.

• **Obsessivas** – os Espíritos têm descrito situações em que o homossexualismo é o resultado da ação indutora de Espíritos vingadores ou vampirizadores.

Todas essas causas podem desempenhar papel de relevo para o indivíduo assumir a condição de homossexualidade, mas em última análise esta é uma questão de livre-arbítrio, ou seja, decorre de sua vontade ou aceitação.

Em outras palavras, ninguém nasce para ser homossexual, senão para superar limitações e suplantar posições monoideicas na prática da sexualidade periférica.

Em qualquer conversa sobre o assunto, é freqüente se deparar com a indagação quanto à normalidade ou não da prática homossexual.

O normal, via de regra, é a situação corriqueira, adotada pela maioria e, por isso, variável do ponto de vista temporal e/ou espacial.

Sendo assim, não afirmo ser o homossexualismo uma conduta normal ou anormal, sadia ou enfermiça, exceto nos casos de homossexualidade egodistônica.

O que me parece, no entanto, estribado nas informações dos Espíritos acerca das funções do sexo e dos motivos de se nascer homem ou mulher, é que o homossexualismo é um comportamento antinatural, levem-se em conta os fatores somáticos ou espirituais.

É bastante analisarmos as formas das genitálias masculina e feminina, talhadas pela Natureza para uma interação recíproca e funcional.

Agora, a pessoa que adota o homossexualismo como opção deve merecer toda a nossa compreensão e respeito, posto ser um Espírito com as mesmas disposições de virtuosidade e com o mesmo destino de felicidade traçado pelo Criador para todas as criaturas.

d) Bissexualismo

Diz-se da prática sexual periférica com pessoas de ambos os sexos. Mais freqüente do que se imagina, é sem dúvida uma postura equivocada quanto à função desempenhada pela genitalidade. Indiscutivelmente traduz a busca sôfrega pelo prazer e a aventura.

Parte das pessoas consideradas heterossexuais e muitos dos que se rotulam como homossexuais são, na verdade, bissexuais, a despeito da preferência por essa ou aquela conduta sexual.

6. Enfermidades Reativas

"A cada um conforme as suas obras"[72].
"Aquele que mata pela espada, por ela perecerá"[73].
"Vai e não peques mais para não suceder-te coisa pior"[74].

A maioria esmagadora das enfermidades têm sua origem centrada nas falhas e imperfeições espirituais. A *Lei de Ação e Reação*, como podemos entender a partir das passagens evangélicas acima citadas, leva-nos à conclusão de que nada sofremos sem uma razão, mas em consonância com as nossas próprias obras. Isso, aliás, é compatível com a misericórdia e a justiça divinas.

As atitudes aviltantes e irresponsáveis, em relação ao uso da sexualidade, não constituem exceção à regra ante a lei. Muito pelo contrário, engendram doenças-resgate dolorosíssimas de forma mediata ou tardia.

Emmanuel[75], respondendo a questionamento inserido no livro "Leis de Amor"[76], através da psicografia do médium Waldo Vieira, assim se expressa acerca do mal uso da sexualidade:

"Criaturas dotadas de harmonia orgânica, que arremessamos os valores do sexo ao terreno das paixões aviltantes, enlouquecendo corações e fomentando tragédias, suplicamos as doenças e as inibições genéticas que, em nos humilhando, servem por válvulas de contenção dos nossos impulsos inferiores".

A título ilustrativo, relacionemos alguns problemas de saúde

---

[72] Mateus, 16:27.
[73] Mateus, 26:52.
[74] João, 05:14.
[75] Espírito Protetor do médium Francisco Cândido Xavier que informa haver sido um senador romano chamado Publius Lentulus, à época de Jesus Cristo.
[76] VIEIRA, Waldo/Espírito Emmanuel. – "Leis de Amor". Edições FEESP": São Paulo-SP.

identificados com os desatinos sexuais[77]:

a) Pseudo-hermafroditismo
Já vimos que o pseudo-hermafroditismo se caracteriza pela presença de uma genitália ambígua, a despeito da identidade genética. Durante parte do processo de desenvolvimento da genitália, são encontrados elementos semelhantes no desenvolvimento do corpo para ambos os sexos, até que chegue o momento certo da diferenciação. Depois, em função da genética, toma o caminho da polaridade masculina ou feminina.

Ocorre que, quando o ser humano, por volúpia e sensualidade, explora o exercício do que se convencionou denominar bissexualismo, promove distúrbios magnético-vibratórios nas regiões genésicas perispirituais que se podem exteriorizar, em outra experiência reencarnatória, na forma de um corpo com ambigüidade na genitália.

Nessas situações, o paciente pode se beneficiar de procedimentos cirúrgicos reparadores, capazes de minorar as dissonâncias anatômicas, sem que se restabeleça a fisiologia, e, por essa razão, mantêm-se estéreis, incapazes de procriar.

De outra forma, imagino eu, as cirurgias realizadas com o objetivo de mudanças de sexo, em atitude de rebeldia contra as leis naturais, são suscetíveis de repercutir, em experiência palingenésica futura, na forma de pseudo-hermafroditismo.

b) Infertilidade
Cerca de 15% dos casais do mundo inteiro sofrem de infertilidade, o que significa não poderem procriar naturalmente, precisando recorrer aos métodos de Reprodução Assistida.

---

[77] É interessante que se leve em consideração que não é simplesmente alguém apresentar uma determinada patologia para já afirmarmos peremptórios sobre a sua causa. Aqui, fala-se em tese, no geral, e não necessariamente no particular.

Cientes de que nada se faz por acaso, logo chegamos à conclusão de que, pelo menos parte dessas pessoas, assim se encontram, não porque Deus assim o deseje, mas em decorrência da sua própria incúria. É, portanto, o resultado das suas ações. Quando não se consegue detectar a causa de uma enfermidade na vida atual é que ela se encontra em outra experiência palingenésica.

Atitudes que venham a impedir a gestação ou mesmo de descaso e desleixo no cuidado com os filhos podem determinar modificações perispirituais em estruturas análogas ao Sistema Reprodutor no corpo físico.

Como uma das funções do perispírito é a de servir como Modelo Organizador Biológico (MOB) – ou seja de gerenciar o desenvolvimento do material genético ofertado para a formação do novo corpo –, é compreensível que as alterações vibratórias nele presentes findem por se refletir na região que se lhes faz análoga, resultando em uma malformação congênita ou uma fragilidade setorial.

Então, podemos arrolar como ações e atitudes capazes de determinar a infertilidade, na atual ou em outra existência corporal:
• os abortamentos provocados;
• uso indiscriminado dos anticoncepcionais a serviço exclusivo da sensualidade e da prostituição;
• as ligaduras tubárias e as vasectomias com objetivos promíscuos;
• o abandono e a omissão no cuidado e na educação dos próprios filhos;
• a ação nefasta sobre a fertilidade alheia, dentre outras.

c) *Anorgasmia*

São quadros clínicos em que, no comum, o estado emocional impede o(a) paciente de chegar ao clímax sexual. Em pesquisa[78]

---

[78] ASSOCIAÇÃO MÉDICO-ESPÍRITA DO BRASIL. – "Saúde e Espiritismo". São Paulo-SP.

sobre sexualidade realizada pelo Dr. Humberto Ferreira[79], em Goiás, mostra que 8% das mulheres nunca sentiu orgasmo, 23% raramente o conseguem e cerca de 20% fingem sentir prazer sexual, no intuito de evitar conflitos com o parceiro. Na população masculina, menos de 2% referem não sentir orgasmo.

Freqüentemente essa problemática tem sua origem a partir de traumas gerados na atual existência, seja por violência sexual na infância ou por iniciação sexual traumática em qualquer fase da vida; assim também pela dissociação sexo/sentimento ou ainda pelas relações que, de alguma forma, são impostas à mulher.

Às vezes, pode mesmo ser uma tentativa inconsciente de negação da própria sexualidade.

Quando assim não se dá, decerto poderíamos identificar-lhe a origem em situações aflitivas vivenciadas em vidas pretéritas, tais como as mutilações genitais (citadas anteriormente e presentes ainda hoje na África e parte da Ásia); estupros, especialmente seqüenciados por assassinato; vivências religiosas em que se impunha o celibato, rígidas imposições sociais etc.

d) *Ejaculação precoce*

Com essa patologia, o homem chega ao orgasmo antes mesmo que ocorra a penetração ou, assim que o faz, inviabilizando a relação a dois, pois que se desfaz a ereção. Por essa razão é problema que compromete fortemente a vida conjugal.

São situações que apresentam uma base psicológica, conquanto possam ser "favorecidas" por fatores anatômicos.

Freqüentemente, têm a sua gênese nas inibições psicológicas da vida atual, mas podem remontar a experiências de vidas passadas, seja pela forte inibição sexual, como, por exemplo, as que o próprio indivíduo se impôs ou aquelas em que foi moralmente instado a adotar um comportamento "casto", de

---

[79] Médico em Goiânia, expositor espírita, Presidente da Associação Médico-Espírita do Estado de Goiás.

abstinência sexual, pela ideação do sexo-pecado. Ou, ao contrário, nos casos caracterizados pela conduta insaciável, em passadas experiências, quanto às relações sexuais de periferia.

e) Fobias

O medo é um sentimento instintivo que nos protege das ações intempestivas capazes de nos causar sérios prejuízos. É, portanto, bem compreensível, em diversas situações, tais como a ignorância, situações palpáveis de risco etc., que se venha a senti-lo.

Entretanto, quando o medo é irracional, desproporcional ao risco, freqüente e intenso, capaz de levar ao desenvolvimento de sinais e sintomas, assim como de impedir a realização de tarefas ou limitar relacionamentos, estamos diante de um quadro fóbico, de medo patológico.

Em geral, a pessoa entende que seu medo é excessivo e irracional, mas a despeito disso continua a experimentá-lo, o que a faz evitar o confronto com o objeto, a atividade ou situação fobogênica e, quando isso não é possível, sobrevêm-lhe os sinais e sintomas.

Há pessoas que não conseguem um bom relacionamento com o sexo oposto e, por conseqüência, evitam qualquer relação capaz de conduzi-las a uma aproximação sexual.

Comumente são indivíduos vivendo sob o jugo de sérios conflitos internos, decorrentes muitas vezes de situações experenciadas na infância de forma direta (abuso sexual) ou simbólicas.

Os abusos sexuais são mais comumente perpetrados por familiares, às vezes o próprio pai, e podem ser internalizados na zona subliminar, em mecanismo de defesa, o que não impede que venham a se manifestar através de quadro fóbico.

As interpretações simbólicas de alguns acontecimentos, no período da infância, são capazes, também, de gerar distúrbios semelhantes.

A exemplo disso, vejamos o caso acontecido com certo rapaz, narrado por um psiquiatra meu conhecido:

Aos 18 anos de idade, saudável e sem problemas psicológicos aparentes, passou a apresentar subitamente incapacidade de manter a ereção, sempre que se preparava para consumar o ato sexual. Após exame clínico acurado e tentativas terapêuticas infrutíferas, optou-se por induzi-lo a uma regressão de memória, podendo-se detectar, então, a origem do seu transtorno.

Realizada a regressão, evidenciou-se situação vivenciada na infância.

Ainda na fase pré-escolar, viajou com seus pais para o interior do seu Estado. No percurso, o transporte sofreu uma pane e eles tiveram que pernoitar numa residência de desconhecidos, dormindo em um quarto de hóspedes. Por falta de acomodação, o garoto ficou na cama com eles. Imaginando que o menino dormia, resolveram manter contato sexual, fato que ficou gravado na mente da criança.

Incapaz de compreender aquela ação, interpretou-a como uma agressão do pai contra a sua mãe.

Após a vivência, o paciente curou-se por completo de sua problemática.

Além disso, podemos encontrar sérios conflitos oriundos de vivências acontecidas em outras experiências reencarnatórias. Problemas insolúveis ao seu tempo. Traumas que se não dissolveram, são energias fixadas em nível mental e perispirítico, gênese de fobias, inclusive na esfera da sexualidade.

A propósito da participação de situações-problema anteriores na origem de quadros fóbicos em vida subseqüente, a dra. Edith Fiore[80] afirma-nos, em seu livro "Você Já Viveu

---

[80] Doutora em Psicologia pela Universidade de Miami. Pertence à Associação Americana de Psicologia, à Sociedade Internacional de Hipnose, à Sociedade Americana de Hipnose Clínica e à Academia de Hipnose Clínica de San Francisco.

Antes"[81] :

"Muitos dos meus pacientes descobriram que as causas das suas fobias, medos e até mesmo aversões podiam ser encontradas em algum acontecimento traumático de uma existência anterior".

Nessa obra, a autora narra a história de uma sua paciente, que ela passa a denominar de Patrícia que, no seu consultório, contou-lhe estar casada, há oito anos, após namoro de três anos, e nunca ter conseguido manter relação sexual, embora afirmasse amar o seu marido e ele a ela e até sentirem necessidade e atração sexuais recíprocas.

O caso é que Patrícia não se permitia à vida sexual genital, fugindo e se sentindo mal, sempre que despontava a oportunidade para tal.

Isso causava-lhe profundo mal-estar, ondas de ciúme infundado e mesmo atitudes de violência.

Após uma série de sessões de Terapia Regressiva a Vivências Passadas (TRVP), foi descobrindo várias situações traumáticas, em outras vidas, relacionadas ao sexo.

Havia desencantos amorosos em uma vida como Alena, uma princesa havaiana, em que o motivo de sua desilusão era o atual marido.

Depois, uma relação incestuosa com um irmão, experenciada em uma cidade campesina, na Suécia, tendo engravidado e recorrido ao suicídio, para não contar aos seus pais.

Em outra vida, desta vez em uma cidade que ela denominou de Zat, ela esteve na personalidade de Meteus, uma jovem de dezesseis anos que é expulsa de casa por conta do ciúme que a mãe sentia dela em relação ao seu pai e que foi estuprada pelo

---

[81] FIORE, Edith. – "Você Já Viveu Antes". Trad. Ana Maria Sarda. Editora Record: Rio de Janeiro-RJ.

patrão em uma outra cidade, vindo depois a engravidar dele e desencarnar por ocasião do parto.

Em outro momento, esteve encarnada no Arizona, em uma vida miserável, tendo sido vendida, pelo próprio pai, aos cinco anos de idade, para um homem de posses, que abusava sexualmente de meninas e inclusive dela mesma. Seu nome era Becky e desencarnou, após ser picada por uma cobra, ao tentar fugir da casa.

Foram situações traumáticas vivenciadas em diversas encarnações e que repercutiam de maneira negativa na atual existência.

Após a terapêutica, que durou alguns meses, o casal foi, pouco a pouco, desenvolvendo um relacionamento normal e prazeroso.

f) Impotência
Disfunção eréctil é a forma mais correta de se referir à dificuldade de manter-se a ereção do pênis em tempo e qualidade suficientes para a penetração no ato sexual. Impotência, apesar de ser um termo mais difundido, não expressa a grande variação quanto à intensidade do problema, assim como já cria um preconceito de enfermidade insolúvel, incompatível com a realidade das possibilidades terapêuticas.

Acometendo cerca de 10% da população masculina, ela tende a crescer proporcionalmente ao aumento da perspectiva de vida e se constitui em problemática de vulto no relacionamento conjugal.

O problema se agrava, notadamente, em decorrência da característica dificuldade masculina para discutir e dialogar sobre problemas com a esposa, tornando o paciente dessa enfermidade, cada vez mais, ensimesmado, insatisfeito, irritável e deprimido. Por outro lado, diante do estado de ânimo do marido, a esposa passa a pensar que ele perdeu o interesse por ela e, daí, a desconfiança por infidelidade e – o que é pior para a psicologia feminina – a idéia de estar o marido ligado afetivamente a uma outra mulher.

Por tudo isso, a patologia é capaz de engendrar sofrimento de monta, até que o paciente se permita procurar auxílio profissional.

A origem do distúrbio pode ser de ordem:
• psicogênica
• orgânica
• mista

Nos intervalos etários mais baixos predominam indiscutivelmente as primeiras, mas, à medida que se eleva a idade, vão se destacando as orgânicas (doenças neurológicas, vasculares e hormonais; alcoolismo, tabagismo, uso de outras drogas, efeitos colaterais de medicamentos...).

Evitar, portanto, álcool, fumo, drogas alucinógenas; manter uma sadia alimentação, evitando excesso de açúcares, sal e gorduras; redução de *stress*, assim como procurar cuidar de um bom relacionamento conjugal são medidas capazes de evitar a instalação de quadro semelhante.

Nos casos, porém, em que a disfunção eréctil já se instalou, a terapêutica médica e psicológica é capaz de reverter ou de resolver um expressivo percentual dos casos.

Não se pode, porém, excluir de todo as razões espirituais na gênese ou no agravamento da disfunção eréctil.

g) Diminuição da libido
Embora variando, em função de desequilíbrios emocionais, hormonais e existenciais, o desejo sexual é natural e instintivo em todos os seres humanos, o que não determina incapacidade de controle, através do gerenciamento satisfatório das emoções e das energias pulsantes e criadoras dessa instintividade.

Assim, o fato de se ter que abster temporária ou permanentemente da atividade sexual genital não é impossível, pois se pode canalizar tais potenciais criativos energéticos para outras áreas – artísticas, esportivas, intelectuais etc. Não é sem motivo que na adolescência e na juventude se encontram destacadas essas atividades.

Para o casal, o rebaixamento da libido costuma ser problema angustiante e, por vezes, transforma-se em fator determinante para a separação conjugal.

Dificuldades emocionais, financeiras, no trabalho e *stress* têm marcada relevância na instalação do problema.

Na busca de tratamento, pode-se recorrer à avaliação clínica e psicológica e mesmo à terapia de casais. Uma postura de respeito e de estímulo mútuos, além de suporte espiritual, costumam devolver o paciente à condição natural.

É, em muitos casos, momento propício para se rever a relação, as suas áreas de desgaste e os seus fatores corrosivos.

h) Compulsão sexual

O índice de freqüência das relações sexuais varia de pessoa para pessoa e, conseqüentemente, de casal para casal, assim também com a faixa etária dos amantes e mesmo com o tempo de convivência.

É, pois, natural que os cônjuges se ponham em ajuste paulatino e recíproco às suas próprias características, de modo a encontrarem um denominador comum e satisfatório.

Há, porém, pessoas que apresentam uma necessidade patológica de sexo, o que se poderia designar como "viciados em sexo". É o que em linguagem técnica poderíamos denominar compulsão sexual.

A revista "Globo Ciência"[82] reportou o drama das pessoas que sofrem dessa enfermidade.

Os pacientes desse naipe sofrem surtos compulsivos de

---

[82] *"Globo Ciência"*, ano 6, nº 62, setembro de 1996.
(Atualmente com o nome *Galileu*).

desejo sexual que os levam à procura em qualquer lugar e ao relacionamento com qualquer pessoa. E isso, independentemente de terem uma vida sexual com parceiro definido.

De fato, mesmo estando casadas e com uma vida sexual regular, elas não estão imunes às crises.

O problema médico costuma ser rotulado como uma variante do Transtorno Obsessivo-Compulsivo (TOC), onde o objeto da compulsão é a relação sexual.

Durante muito tempo os pacientes imaginam ser uma faceta de sua personalidade e não se consideram, diferentes. Para compreendermos o drama de uma paciente com esse quadro mórbido, transcrevo depoimento de um homem à revista acima citada[83]:

"No começo, considerava apenas uma necessidade de sexo própria do homem, coisa de macho e que depois do casamento essa situação se normalizasse. Mas não foi o que aconteceu. Os limites impostos pela vida a dois apenas potencializaram meu drama".

"Só entendi que era compulsão quando descobri que não tinha nenhum controle sobre meus atos".

"Além de manter relações diárias com minha esposa, saía todos os dias em busca de sexo. Às vezes, transava até com três mulheres diferentes numa mesma noite. Travestis e homossexuais também eram meus parceiros freqüentes. Quando não conseguia encontrar alguém para me relacionar, masturbava-me".

A doença pode manifestar-se cotidianamente, como no caso acima transcrito, ou na forma de surtos episódicos. A característica, porém, é a da busca desenfreada, incontrolável e freqüentemente acompanhados de perda do discernimento, por ocasião do momento impulsivo, com as repercussões da atitude.

---

[83] Idem, ibidem.

Na revista mencionada, encontramos outros depoimentos sofridos de muitos pacientes que não conseguiram estancar a irresistível sintomatologia.

Os que conseguiram sobrepor-se à enfermidade criaram grupos anônimos[84], aos moldes de Alcoólicos Anônimos, em que a bandeira é a **abstinência sexual**, até que se sintam preparados para assumirem uma vida sem atropelos.

As enfermidades todas possuem sempre uma base espiritual, de modo que no TOC sexual o paciente costuma estar nessa encarnação a colher os frutos dos desregramentos e irresponsabilidades de passadas existências, assim como, por exemplo, o doente do alcoolismo de hoje foi o "bebedor social" do passado[85].

De outra maneira, pode o quadro patológico ser o resultado da indução mental e magnética de Espíritos viciados em sexo, que passam a vampirizar as forças genésicas do enfermo, na busca de satisfazerem as suas necessidades ainda materializadas, em indiscutível relação mediúnica patológica.

Como visto, poderemos classificar esses casos de TOC em:
• **anímicos** (quando o distúrbio decorre como reação de atitudes pretéritas do paciente).
• **mediúnico-obsessivos**, sempre que a indução e/ou a manutenção decorre da ação de um Espírito, de sua iniciativa.
• **mistos**, quando se associam os dois fatores, ou seja, aproveitando o processo patológico expiatório do encarnado, o Espírito desencarnado une-se a ele nos excessos, por afinidade, promovendo inclusive um agravamento do seu quadro.

---

[84] Alguns grupos existentes para ajuda (dados citados na reportagem):
• DASA – Dependentes de Amor e Sexo Anônimos (Cx. Postal 12236 CEP 02098-970).
• Sexólicos Anônimos (Rio de Janeiro – Cx. Postal 3766).
• Ambulatório de Ansiedade do Hospital das Clínicas de São Paulo.
• Ambulatório de Transtorno de Ansiedade do Hospital das Clínicas de Porto Alegre-RS.
[85] CAJAZEIRAS, Francisco. – "Bioética, Uma Contribuição Espírita". Bebedores Sociais, cap. 7. Ed. Mnêmio Túlio: São Paulo-SP.

V - Problemas Atuais

V - Problemas Atuais

As transformações por que vem passando a Humanidade, a partir das Grandes Guerras Mundiais, do progresso científico-tecnológico e das modificações na estrutura sócio-econômica, promovendo uma mudança de paradigmas, são evidentes e repercutem de forma inequívoca nas relações familiares e na estrutura do núcleo familiar, resultando em problemas peculiares ao nosso momento. Problemas próprios do nosso tempo que se adicionam a outros tantos herdados do passado e ainda insolúveis.

As relações intrafamiliares desgastadas e distorcidas, as indefinições no campo da condução do grupo, o definitivo engajamento da mulher no mercado de trabalho e a sua ausência do lar, as perspectivas e as exigências sempre mais dilatadas por parte de todos os componentes do núcleo familiar são alguns dos problemas específicos da nossa era e para os quais devemos estar atentos com o objetivo de solucioná-los de maneira a preservar a unidade familiar capaz de desempenhar o seu papel no desenvolvimento da sociedade e dos Espíritos que a compõem.

1. Família e Realização Profissional

"O trabalho é uma lei da Natureza e, por isso mesmo, uma necessidade"[86].
"Toda ocupação útil é trabalho"[87].

Assim se reportam os Espíritos Imortais, em relação ao trabalho, reafirmando-nos carentes de operosidade para o nosso próprio bem-estar e progresso, assim também no sentido de que façamos a nossa parte na Obra da Criação.

Poderíamos sintetizar as funções do trabalho:
a) auto-sustento e dos familiares;
b) participação e ação social;
c) desenvolvimento da intelectualidade e das habilidades;
d) satisfação e realização íntimas;
e) colaboração para a consecução da Obra Divina;
f) treinamento para a condição de angelitude[88], como operários da Suprema Inteligência Universal.

O instinto de suprir as necessidades básicas de alimentação e proteção impele o homem, fatalmente, salvo algumas distorções da personalidade, à busca de atividade lucrativa. A partir desse fato, associado ao desenvolvimento da sociedade e crescimento cognitivo, desenvolve o homem o gosto pela especialização e se profissionaliza.

A profissionalização transcende à questão meramente operacional e de amparo material, chegando a causar forte impressão e satisfação interiores, pelo fato único da participação,

---

[86] KARDEC, Allan. – "O Livro dos Espíritos". Trad. J. Herculano Pires. Livro Terceiro, questão 674. Ed. EME. Capivari-SP.
[87] Idem, ibidem, questão 675.
[88] Estado de pureza espiritual, em que o Espírito se encontra plenamente desmaterializado.

ainda que inconsciente, na melhoria de vida da comunidade.
Somos herdeiros de nós mesmos. O que realizamos hoje no mundo recebemos no futuro.
Então, o trabalho, seja qual for, é indispensável para o ser humano.
Porém, vamos encontrar grande número de pessoas que vão além das necessidades e se permitem escravizar pela atividade profissional, à procura não somente de manter a própria existência e de seus dependentes, ou do reconhecimento e da realização conferidos pela atividade laborativa, mas também, às vezes, por ambição desmedida ou fuga à realidade de sua problemática existencial, desviando-se conscientemente ou não dos objetivos sadios da atividade laborativa profissional.
Atualmente, com o ingresso da mulher no mercado de trabalho, com a sua profissionalização, assistimos a um crescente congelamento das relações no lar, com indiscutível perda para os filhos, assim como para o próprio casal. Isso se dá principalmente a partir de uma priorização da satisfação profissional ou do enriquecimento material. Ou mesmo, já o dissemos, como escudo para impedir a conscientização da realidade conflitual da relação no casamento e no lar.
Em matéria publicada na revista "Veja"[89], sob o título de "O Sexo Forte", em que se procura mostrar a força da mulher e, inclusive suas possibilidades físicas, anotamos:

*"Do movimento feminista até hoje as mulheres passaram a dedicar à família **dez horas a menos por semana**"* (grifo meu).

Milhões e milhões de criaturas no mundo inteiro acreditam cumprir de forma satisfatória os seus deveres, unicamente pelo fato de proporcionarem o sustento material e o gozo das

---
[89] Veja, "O Sexo Forte", 10 de março de 1999.

superfluidades mundanas aos seus filhos, esquecidos de que os bens materiais não são o bastante para proporcionar felicidade e de que seus filhos precisam muito mais – e urgentemente – é do seu concurso como pais: do seu carinho, da sua atenção, do seu amor, da sua presença.

A felicidade proporcionada pelos bens materiais é tão efêmera quanto eles mesmos. Opostamente, aquela que se faz a partir de uma relação afetiva equilibrada, de momentos de interação emocional, dos instantes de experiência e aprendizado conjuntos, estes sim guardam-se para sempre e principalmente podem ser mobilizados à consciência, pela memória, em todas as situações, positivas ou negativas, e até mesmo usados como suporte para a travessia das tempestades existenciais tão corriqueiras para o Espírito do nosso padrão evolutivo.

Os compromissos profissionais, porém, para um grande número de indivíduos, costumam tomar lugar prioritário em relação àqueles de ordem familiar. Não se entenda que sugiro o desprezo ou descaso para com a atividade profissional; mas não há como disfarçar a expressiva importância que se dá na atualidade a essa atividade em relação aos compromissos de ordem doméstica.

Ainda assim, a tendência dos pais é atribuir ao mundo e ao acaso a responsabilidade pelas quedas dos Espíritos encarnados sob a sua tutela, quando se envolvem com tóxicos ou se pervertem sexualmente ou adotam atitudes violentas e criminosas. Mas, freqüentemente, na gênese dessas situações dolorosas, encontraremos a falta da presença paterna e do envolvimento maternal. Em muito dessas situações, o que predominou no dia-a-dia dos filhos foi a ausência, a omissão e tudo isso em nome de uma proteção material, que na realidade nada mais representa senão o desejo dos genitores de acumular bens para seu próprio gozo e satisfação.

É assim que se vai constituindo a comunidade dos "Órfãos de Pais Vivos", a que me refiro em meu livro já citado "Bioética.

Uma Contribuição Espírita"⁹⁰.

É costume agir como se a única realização possível nessa vida estivesse compulsoriamente vinculada ao trabalho profissional...

Vimos, porém, na definição oferecida pelos Espíritos, que toda ocupação útil é trabalho. Então, o trabalho na educação dos filhos, o trabalho para a manutenção do lar, o trabalho no Bem, as posturas caritativas são também capazes de promover (e até mais intensamente) a satisfação íntima e a realização do ser humano como pai, como esposo, como homem, como cidadão...

Há cônjuges que vivem como grandes desconhecidos um do outro. Não sabem o que acontece um com o outro. Não participam da vida um do outro. Vivem separados sob um mesmo teto.

Encontram-se eventualmente no próprio lar e se desencontram pela vida, fomentando os desajustes conjugais, o resfriamento da relação e fragilizando-se ante a tentação para o adultério tão freqüente em nossos dias⁹¹.

É, pois, de vital importância repensarmos a escala de valores dos bens da vida corpórea, dedicando mais atenção e afeto aos cônjuges e à prole.

Que se possa refazer a distribuição dos compromissos gerais, colocando-os em sua real posição de importância, sem que um não se faça em detrimento do outro.

Que o pai e a mãe possam desempenhar esse seu papel imprescindível e de destaque para o sadio desenvolvimento emocional dos seus filhos.

A vivência de um amor menos possessivo e mais eficaz, quanto eficiente, associada a uma relação afetiva redimensionada,

---

⁹⁰ Ver nota 86.
⁹¹ É possível que me contraditem afirmando que adultério sempre houve. Em minha opinião, porém, não com a freqüência, o descaso e o descompromisso, por parte de quem adultera, como em nossos dias.

não apenas quanto a qualidade mas também no que respeita à quantidade, será, por si só, capaz de reduzir drasticamente os percentuais dos dolorosos dramas promovidos pela toxicomania e pelos desajustes sociais, sexuais e afetivos, é o que imagino.

2. Amor em Tempo de AIDS

Indiscutivelmente vivemos dias difíceis na atualidade. A violência, os desequilíbrios emocionais, as neuroses, as sociopatias e as sexopatias dominam o panorama da vida inteligente no Planeta.

Dentre os grande males com que nos defrontamos destaca-se a pandemia da AIDS, doença de etiologia virótica, transmitida predominantemente através de relações sexuais ditas de risco.

Em todo o mundo, seja nas regiões consideradas como Primeiro Mundo – sociedades abastadas e intelectualizadas –, seja nas trilhas carentes e paradoxais do Terceiro Mundo – sociedades onde predominam a fome, a desnutrição, o analfabetismo e a indignidade humana –, alastra-se o espectro doloroso e horrendo da AIDS.

As estatísticas, conquanto se tenham estabilizado nos países desenvolvidos e nas grandes cidades, continuam a mostrar-se inequivocamente alarmantes. São quase 44 milhões[92] de pessoas atingidas pela doença em todo o mundo. Tantas vítimas quanto as da II Grande Guerra Mundial, a maior das catástrofes já acontecidas para a Humanidade.

O mais dramático é a sua maior prevalência nos países pobres. Na América Latina, o Brasil lidera essa trágica realidade. Na África encontramos 70% dos casos da doença e há países, como a África do Sul, em que 20% da população está

---

[92] Projeção para outubro de 2000. Ministério da Saúde do Brasil. Coordenação Nacional de Doenças Sexualmente Transmissíveis e AIDS.

contaminada.

Muito se tem discutido sobre as causas do aparecimento da enfermidade no mundo, sabendo-se obviamente que é uma retrovirose causada por um vírus, o HIV.

Mas o que determinou assumisse tal microrganismo essa feição patogênica catastrófica?

Há quem entenda ser a AIDS fruto da ira divina, mas isso certamente se deve a uma visão distorcida acerca de Deus, em desacordo com a feição amorosa e misericordiosa do Criador traçada por Jesus, na Boa Nova.

A verdade é que a partir da descoberta de medicamentos capazes de curar as doenças sexualmente transmissíveis, bem como do aparecimento de seguros e eficazes meios contraceptivos, deflagrou-se uma liberação dos costumes, resultando em uma reviravolta do comportamento sexual da Humanidade.

A partir daí, instala-se a banalização do ato sexual e medra o desabrochar de uma prostituição mascarada, escudada em modernidade e em uma afirmativa progressista, mas indiscutivelmente cultivando a busca e o anseio pelas vantagens materiais da sensorialidade e dos ganhos fáceis em ambos os pólos sexuais. Em outras palavras: deu-se a instalação da prostituição generalizada.

Prostituição não apenas feminina, mas também masculina. As "casas de massagem", os "clubes de mulheres" e outros "serviços" similares proliferam em todo o mundo.

Não que os seres humanos fossem anteriormente sem dificuldades na esfera da expressão genital de sua sexualidade, mas que eram contidos, até certo ponto, pela problemática decorrente do seu uso indiscriminado e promíscuo: a gravidez indesejada, a limitação terapêutica para as doenças sexualmente transmissíveis (DST), a cobrança mais palpável de padrões morais rígidos.

Já nos reportamos à *Lei Natural de Ação e Reação*, capaz de permitir ao Espírito o *feed back* das suas realizações pela recepção de suas conseqüências.

Entendamos, no entanto, que não há na Lei um sentido de fazer sofrer por sofrer, simplesmente para que se "pague" pelo mal originado, mas sim de iniciar o processo educativo do ser, permitindo-lhe sofra as conseqüências do seu próprio ato, como possibilidade auto-avaliativa.

Da mesma forma que a referida Lei age sobre um indivíduo, também age sobre um grupo de indivíduos e, em ponto maior, sobre a Humanidade como um todo, desde que os desvios ocorram sob o arbítrio coletivo. Nada acontece por acaso, ensinam os Espíritos Imortais em "O Livro dos Espíritos".

Daí, esse contínuo comportamento sexual inadequado – onde ausentam-se o sentimento e a afetividade e prevalecem a promiscuidade e a sensualidade, o hedonismo e o materialismo – representou indiscutivelmente o foco moral genésico do desequilíbrio ecológico que, por sua vez, engendrou esta patologia capaz de levar o homem moderno a repensar os valores do sexo e das relações amorosas.

Sabemos que a AIDS é transmitida também pelo sangue, leite materno etc. Mas a transmissão por contato sexual é ainda a grande responsável pelo aumento da incidência da enfermidade, quer dizer, o descaso, o desregramento e a promiscuidade na atividade sexual são ainda uma presença marcante em todo o Planeta.

Pesquisas no Brasil anotam que 80% dos homens, na faixa etária dos 16 aos 50 anos, têm vida sexual ativa, o mesmo ocorrendo para 74% das mulheres na mesma faixa etária.

Por outro lado, já falamos sobre a crescente elevação do contingente de pessoas solitárias, por opção, o que se reflete na grande redução estatística do número de casamentos. Sendo assim, não é difícil concluir que parte dessas pessoas usa o sexo genital sem maiores aprofundamentos afetivos, unicamente para descarregar suas tensões fisiológicas.

Além disso, a vida sexual tem se iniciado cada vez mais

precocemente, não apenas para os meninos como para as meninas, fato demonstrado pelos estudos realizados e pelo aumento marcante das estatísticas de gravidez na adolescência.

Outro fator significativo na transmissão da AIDS é o bissexualismo masculino, pela impossibilidade de prevenção da parceira, sendo grande o número de mulheres que são infectadas por seus maridos sem que possam desconfiar disso, tendo em vista a bissexualidade costumeiramente oculta.

O uso de preservativos, uma política sólida e equilibrada de combate à doença, a viabilização de tratamento gratuito patrocinado pelos governos e o esclarecimento da população têm permitido uma certa desaceleração no crescimento da doença, que antes se fazia de maneira estonteante.

Tanto isso é real que, em países com baixa escolaridade, grave miséria e descaso governamental – como é o caso dos países do continente africano –, observam-se alarmantes números no que respeita aos casos de AIDS, variando a sua prevalência de 20% a 37% da população adulta contaminada com o HIV.

Se à educação formal acrescentarmos a educação moral (espiritual), renovando valores e fomentando racionalmente o uso do sexo com responsabilidade e com amor, ouso afirmar, a doença perderia o seu caráter epidêmico.

A vera monogamia é, por si só, capaz de reduzir decisivamente as estatísticas da doença e, não tenhamos dúvidas, seria o caminho para a solução definitiva do problema, posto que vimos as causas espirituais relacionadas com o desregramento sexual.

Enquanto não se chega a esse estado de coisas ideal, faz-se imprescindível para amenizar essa aflitiva situação, adotar como regra de saúde e proteção à vida o que se passou a designar por **sexo seguro**:

• abstinência, o quanto possível;

• redução de parceiros, procurando tender para a monogamia;

• uso de camisinha (preservativo).

Não se pode deixar de levar em consideração, ainda, na transmissão da doença, a contaminação através dos contatos com sangue, especialmente aqueles decorrentes do uso de drogas injetáveis, em que se utilizam a mesma seringa.

Aliás, as estatísticas em todo mundo demonstram aumento na importância dessa forma de transmissão, embora a via sexual continue a manter-se predominante.

3. Educação dos Filhos

Já vimos anteriormente o ensinamento dos Espíritos Imortais na Codificação Espírita sobre a responsabilidade dos pais no desenvolvimento físico, biológico, social, psicológico, moral e espiritual de seus filhos.

Mais que um dever, essa tarefa constitui uma missão para os pais, a quem Deus, através de Suas leis justas e retas, pedirá contas.

Então, aos pais cabe acompanhar o desenvolvimento dos seus rebentos, envidando todos os esforços no sentido de torná-los capazes de assumir a sua posição no contexto social, assim, também, de aproveitar satisfatoriamente as oportunidades que lhes são apresentadas na encarnação vigente.

Mas, sendo os pais Espíritos limitados e imperfeitos, decerto têm muitas dúvidas quanto à maneira de conduzir a educação de seus filhos, e por isso é comum a dúvida sobre como agir para conduzi-los de maneira mais justa e produtiva.

a) Totalitarismo ou liberalismo?

As civilizações, em consonância com o seu conhecimento e as suas crenças, vêm modificando os modelos educacionais a serem adotados pelos pais em relação aos seus filhos.

Passam desde uma visão de "adulto miniaturizado" até a

de ditadores intocáveis.

No século XX, por exemplo, em sua primeira metade, vigia uma postura rígida castradora e limitante, onde eram indicadas, com freqüência, atitudes violentas: físicas e psicológicas. Isso findou por determinar reações, até pela determinação de traumas psicológicos importantes.

Havia a utilização de castigos excessivos e, como se não bastasse, desproporcionais ao erro cometido, resultando também na dificuldade de discernimento por parte das crianças – e depois pelos adultos em que estas se tornavam – entre o sentido de justiça e o de injustiça, do necessário e do inútil.

Como costuma acontecer com toda repressão, efetivou-se uma reação, um movimento de protesto e de transformação. Daí, a segunda metade do século XX foi se caracterizando pela adoção de uma postura educacional de livre ação, transformando-se, ao correr dos anos, em um modelo por demais permissivo.

Todo período de transição tende às radicalizações, aos extremismos!

À criança se procurava dar toda liberdade. Não se deveria contrariar os seus desejos, para não "traumatizá-la".

Assim é que se foram modelando pequenos ditadores que se iam transformando em jovens conflitados e completamente incapazes de compreender as suas relações com o mundo, os seus próprios limites e os limites dos seus contemporâneos.

Como foram acostumados a obter tudo o que desejavam e a não ver os seus anseios contrariados, continuaram a cobrar do mundo o que tinham em seu lar, o que entendiam (ou foram levados a entender) por seu direito.

Tudo isso findou por produzir outros tantos traumas e a contribuir para o incremento, em nossos dias, da violência tecida pelo egoísmo. De fato, as estatísticas mostram um crescimento vertiginoso da criminalidade na juventude.

Já na última década do século XX, passou-se à busca de se encontrar um meio-termo.

A criança e o adolescente carecem de que se lhes imponham limites, esperam mesmo que esses limites lhes sejam impostos como referenciais, pois é a partir destes que eles vão desenvolvendo a sua capacidade de discernimento em relação à vida em sociedade. Quer dizer que, aos pais cabe o bom senso de traçar limites para cada momento do processo de crescimento de seus tutelados espirituais.

Naturalmente que se deve levar sempre em conta a possibilidade de entendimento do educando, isto é, avaliando se o ensinamento se encontra-se compatível com a sua maturidade biológica, psicológica e espiritual.

É óbvio que a uma criança não se deve permitir ver programas na televisão que exploram a sensualidade e a erotização, posto não se apresentarem em condições de julgamento equilibrado.

Aliás, tem se observado uma maior precocidade quanto à instalação da puberdade e isso – acredita-se –, deve-se em parte à hiperestimulação neuroendócrina produzida pela visão freqüente das referidas cenas. Alguém poderia argumentar que sempre houve essa estimulação de uma ou de outra forma, com o que concordo. Entretanto, isso não se dava da maneira ostensiva e intensiva tal como ocorre em nossos dias.

Então, é preciso manter-se bastante atento e cauteloso pois muitos dos que compõem a mídia acreditam que cabe simplesmente aos pais impedir seus filhos de assistirem determinadas programações, utilizando-se pura e simplesmente do controle remoto. Mas, convenhamos, isso é uma tarefa complicada, em nossos dias, dada a imensidade de programas com aquele conteúdo em todos os horários. Eu diria mesmo que, diante dessa solução, a televisão permaneceria fechada em boa parte do tempo.

É óbvio que ninguém deseja retornar ao período de exceção patrocinado pela ditadura militar, onde tudo era censurado e se proibia o cidadão de expressar-se livremente. Urge, no entanto, se utilize do bom senso sobre a programação da mídia, sobretudo nos horários em que numeroso é o público infantil.

Lembremos que todos somos responsáveis e omissão também é ação, já que *"não fazer o bem já é um mal"*[93].

Dessa maneira, a instituição dos limites necessários a cada faixa etária não determina traumas, senão frustrações, algumas vezes.

Estas frustrações, porém, constituem importantíssimas lições para a vida. São treinamentos indispensáveis para a batalha que nossos filhos travarão no dia-a-dia de suas existências, para que conheçam as regras do jogo da vida corporal. Todos temos, ao longo da existência, as nossas frustrações, com que devemos lidar para o crescimento interior. Ninguém pode ter tudo a tempo e a hora e, às vezes, nem em toda a encarnação. Portanto, a resignação com o que não se faz possível mudar constitui um dos meios para o aprendizado da humildade tão em falta neste nosso mundo.

b) Orientação religiosa

Certa ocasião, eu fazia uma palestra em determinado centro espírita de Fortaleza e discorria sobre a incoerência evidenciada na posição de alguns confrades espíritas de não matricularem seus filhos nas aulas da educação espírita infanto-juvenil (a denominada Evangelização Infantil), sob a alegativa de que aos filhos se deve permitir o exercício do livre-arbítrio na escolha da religião do seu interesse. De maneira que, somente ao alcançar a capacidade de discernimento – pensam esses companheiros –, é que eles devem fazer a sua escolha.

O interessante, porém, é que esses mesmos pais não esperam pela decisão dos seus filhos no que se refere à educação formal, aos hábitos de higiene, à alternativa de atendimento médico etc.

---

[93] KARDEC, Allan. – "O Livro dos Espíritos". Trad. J. Herculano Pires. Questão 657. Ed. EME. Capivari-SP.

Isso demonstra que têm mais de preconceito, receio, carência de convicção, descaso etc. que de qualquer outra coisa.

Algum tempo depois, ao retornar àquele grupo espírita, fui abordado por uma confreira que, particular e espontaneamente, deu-me o testemunho de que se comportava com seus filhos na base da "liberdade de opção religiosa", ou seja, deixava aos mesmos a decisão de participar ou não das aulas de educação infanto-juvenil.

Refletindo, porém, sobre o que eu dissera naquela palestra, concluiu que deveria usar de maior firmeza e matriculá-los nas aulas da Casa Espírita. Feito isso – asseverou-me –, embora inicialmente seus filhos houvessem resistido à sua determinação, após algum tempo de freqüência àquela atividade, todos se haviam entrosado, passando a freqüentar prazerosamente aquele núcleo educacional espírita.

Infelizmente, temos informações de pais espíritas amargando problemas com seus filhos envolvidos com viciações e apresentando distúrbios de comportamento, inclusive com franca aversão ao Espiritismo.

Muito freqüentemente, nessas situações, não houve, no momento mais propício, o devido encaminhamento e orientação quanto à opção religiosa pela Doutrina dos Espíritos, ao mesmo tempo em que indevidamente um ou ambos os genitores se fizeram omissos no lar em nome de um trabalho desenvolvido no centro espírita, por vezes até fugindo das suas responsabilidades conjugais.

Há quem aponte exemplos de filhos de espíritas que, a despeito de terem freqüentado a Casa Espírita, ainda assim se desviaram na vida. Isso é possível, naturalmente, embora bem menos freqüente. Ocorre que o comportamento desses "educandos para a vida" também depende deles mesmos, do seu esforço e da sua vontade.

Todavia, em se envolvendo em tal problemática (apesar de sua participação e aprendizado no centro espírita), pelo menos seus pais terão a consciência tranqüila de não haverem negligenciado na condução daquele Espírito em sua jornada na carne. Pelo menos é assim que nos alertam os Espíritos Imortais na Codificação[94].

Assim, constitui dever inalienável de todo espírita oferecer aos seus filhos a chance de conhecerem a Doutrina Espírita e de se agraciarem com o consolo, o esclarecimento, a fé raciocinada e o entendimento dos objetivos da sua atual experiência reencarnatória.

É, pois, dever do espírita, encaminhar seus filhos ao centro espírita e acompanhar-lhes o desenvolvimento moral e espiritual.

Mais que isso, **é sua obrigação moral e espiritual integrá-los às atividades da casa espírita.**

Aliás, o ideal é que a família inteira freqüente e participe dos estudos e das atividades diversas do núcleo espírita, sempre que possível conjuntamente, compartilhando experiências e tecendo um círculo de amizade comum.

c) Orientação sexual

Até há bem pouco tempo, o sexo era considerado como sujo, imoral e escandaloso. Os pais evitavam comentar a seu respeito, fazendo um mistério em torno do assunto e até mesmo dissimulando a sexualidade dos seus filhos quanto a sua própria. Por esse motivo, os jovens iam aprendendo na base do empirismo e das "orientações" repassadas por colegas tão desinformados ou mais que eles mesmos. Daí o surgimento dos tabus, preconceitos e distorções nesse campo, levando a dolorosas conseqüências, que se exacerbavam pela impossibilidade de contar com o auxílio de quem, mais experiente, fosse o mais possível isento de motivos para falsear a realidade.

---

[94] Às vezes, os pais passaram a teoria mas não deram exemplos, quer dizer não trabalharam sua própria transformação moral.

A atual facilidade de acesso a uma ampla informação, a veiculação através dos meios de comunicação e da literatura, assim como a introdução desse conteúdo teórico pelas escolas têm permitido ao jovem inteirar-se de informações técnicas e científicas sobre a puberdade, a adolescência, a função sexual e mesmo a relação sexual em si.

Estou convicto, porém, que a educação sexual dos filhos é tarefa da alçada dos pais ou principalmente deles. Primeiro porque as informações, quando passadas simplesmente na forma científica ou técnica, costumam ser demasiadamente destituídas de sentimento; depois, quando o instrumento de informação são os órgãos de comunicação, deparamo-nos, freqüentemente, com a exploração da sensualidade e do hedonismo; por outro lado, na escola, os professores têm tanta dificuldade prática na vivência de sua própria vida sexual quanto os pais, com o agravante de, em muitos casos, não se posicionarem de forma tão desinteressada em tirar proveito da situação quanto os genitores.

Por isso mesmo, advogo que **a educação sexual deve ter as suas bases assentadas no seio familiar.**

É natural que o conhecimento teórico da função sexual vem a facilitar o desempenho dessa tarefa pelos pais, entretanto a verdadeira magnitude diz respeito à demonstração dos valores éticos e morais imprescindíveis a uma boa vivência sexual, assim como da responsabilidade dela decorrente e das dificuldades que se podem encontrar no seu exercício. Associado a tudo isso é indispensável lembrar da imprescindibilidade do amor gerenciando todas as ações nesse sentido.

Muitos são os que tentam fazer diferença entre ato sexual e amor, como se nada houvesse entre eles. Sabemos que muito se tem de experiências sexuais vazias de sentimento, mas lembro que é exatamente por essa razão que o ser humano sofre. Pelo egoísmo teima em viver como os irracionais que se submetem completamente à lei da Natureza...

Quando, então, se deveria iniciar o processo de educação

sexual dos filhos?
Eu diria que desde o instante em que nos propomos a ser pais.
É possível que muitos dos meus leitores fiquem intrigados com essa minha opinião, mas eu quero esclarecer que educar significa modificar hábitos, no dizer dos Espíritos Imortais, em "O Livro dos Espíritos"[95].

Lógico que as informações devem respeitar a capacidade de entendimento, a faixa etária, as possibilidades e as disposições pessoais de cada um. É necessário que se introduzam esses conhecimentos homeopaticamente.

Por outro lado, entendamos não contar unicamente com a linguagem falada para encetarmos a educação dos nossos filhos e mesmo que em algumas faixas etárias essa linguagem não é a mais propícia para a viabilização da nossa comunicação com eles.

Assim, temos a linguagem falada, a linguagem corporal, a linguagem sentimental, a linguagem emocional, a linguagem comportamental e a linguagem do pensamento.

O certo é que, **ao nos dispormos ao exercício da paternidade, assumimos compulsoriamente o papel de educadores daqueles Espíritos que se fazem nossos filhos.**

Para a eficácia e eficiência no desempenho dessa tarefa podemos elencar algumas posições a adotar:

• **Sexo do bebê.** O respeito à polaridade sexual que deverão assumir esses Espíritos em sua próxima experiência terrena deve ser o primeiro passo no sentido de participarmos positivamente da sua educação sexual. Ou seja, a educação sexual dos nossos filhos já se inicia pela aceitação da polaridade sexual escolhida para aquela encarnação.

Há pais que se angustiam tremenda e indevidamente, ao

---

[95] KARDEC, Allan. – "O Livro dos Espíritos". Trad. J. Herculano Pires. Questão 685-a. Ed. EME: Capivari-SP.

saberem que seu filho não será do sexo por eles ansiado. Essa já é uma forma de rejeição e o Espírito reencarnante capta, via linguagem dos sentimentos o que poderá dificultar-lhe a vida em sua fase adulta pela ação inconsciente do trauma.

• **Visão da genitália**. Mostrar naturalidade no que respeita à anatomia genital, sem extremismos: nem exibicionismo nem tampouco mistérios ou esconderijos. Isso facilita à criança não se posicionar em postura de curiosidade mórbida nem fixar-se na idéia de "zona proibida", ensejando-lhe o entendimento do recato sem neurose e da espontaneidade sem malícia.

• **Educação continuada e escalonada**. Não me parece de bom alvitre resolvam os pais, em um belo dia, após um silêncio crônico sobre o assunto, dar uma aula completa sobre as questões do sexo para os seus filhos. O melhor mesmo é que acompanhem o seu desenvolvimento e se mostrem invariavelmente receptivos e presentes a dirimir-lhes as dúvidas, à medida que elas se façam e tecendo comentários pertinentes sobre esse ou aquele aspecto da sexualidade.

Essa atenção prestada ao desenvolvimento dos filhos permitirá se possa discernir a dosagem dos esclarecimentos, evitando explicações aquém das suas necessidades (que os desestimulariam) ou acima de suas possibilidades de discernimento (que os perturbariam).

• **As bases da confiança**. A naturalidade, a sinceridade, o respeito às dificuldades e aos limites próprios dos filhos, assim também a demonstração de que se deseja verdadeiramente auxiliá-los, de forma desapaixonada, tecerão clima favorável de confiança e segurança. Sempre repassar a verdade, mesmo com a utilização de símbolos – quando não for adequada para o momento a colocação direta –, o que estimula a confiança e suscita segurança.

• **Expor sem imposição**. Aos adolescentes, deve-se levá-los à compreensão da responsabilidade que assumem com a atividade sexual, sem no entanto amedrontar-lhes.

Importante fazer-lhes entender que a vida futura depende,

em grande parte, deles mesmos e que poderão "queimar" as possibilidades da fase dourada da adolescência com as implicações da paternidade e as conseqüências de suas ações, lembrando-lhes, ainda, que as energias genésicas (criadoras) podem, nesse período do seu ciclo de vida, ser canalizadas em atividades esportivas, intelectuais e artísticas.

Além da responsabilidade, vale a pena esclarecer-lhes sobre a necessidade de se alicerçar tudo isso em um verdadeiro sentimento de amor, auxiliando-os na diferenciação entre paixão e amor[96].

• **Educação pela vivência.** Vivenciar os ensinamentos que ministramos é a melhor forma de influenciarmos positivamente nossos filhos. Assim, se falamos da necessidade de amor e de responsabilidade para o exercício genital da sexualidade e nos comportamos de forma oposta, estaremos contribuindo para que nossos filhos se deixem influenciar pela linguagem do comportamento, muito mais penetrante que a da palavra.

Pessoalmente, conheço vários casos de pessoas que, na infância ou adolescência, sofreram intensamente com a separação conjugal dos seus pais, muitas vezes também com os litígios disso decorrentes – tais como a irresponsabilidade quanto à pensão alimentícia – e que, ao casarem, repetem exatamente os mesmos erros, motivos de sua antiga crítica aos seus genitores.

Também estudos têm mostrado casos em que crianças vitimadas, por exemplo, pela violência sexual perpetrada por seus próprios pais, podem futuramente violentar seus filhos. Muitos estupradores foram vítimas de violência sexual na infância.

Obviamente que seguir os maus exemplos depende de uma disposição negativa, da imperfeição espiritual. Lembramos, porém, não estarmos compondo a mesma família sob a regência cega do acaso, mas em geral pelas teias de afinidade que nos aproximam.

---

[96] Rever cap. II, item 04.

De maneira que os pais que exemplificam o desconcerto põem-se na condição de co-responsáveis pelos desvios dos seus filhos.

Como vemos, a lei divina capta as nossas responsabilidades individuais de maneira muito mais profunda, pois as leis humanas somente nos cobram responsabilidade pelas ações dos nossos filhos unicamente enquanto considerados menores e incapazes de comando dos próprios atos.

4. Drogadição

Desde as mais remotas eras, o ser humano tem buscado o uso de substâncias psicoativas várias, com objetivos terapêuticos, religiosos ou de lazer.

De fato, o homem sempre procurou empiricamente no arsenal da Natureza, especialmente entre os vegetais, substâncias capazes de modificar-lhe as sensações e percepções. Assim é que vamos encontrar, além da flora medicamentosa de cunho popular (folhas, flores, raízes etc.), as substâncias utilizadas nos rituais religiosos dos povos antigos, posto que muitas determinam indiscutíveis alterações nos níveis conscienciais, induzindo à instalação dos transes.

O que ocorria, com mais freqüência, era o seu uso pelos antigos sacerdotes, em geral dotados de sensibilidade mediúnica, para a efetivação do desdobramento e o contato mais palpável com o mundo invisível, conquanto a nebulosidade formada pela atmosfera de magia com que se revestiam essas práticas.

Ainda hoje mesmo, tem-se notícia de seitas que adotam e copiam esses costumes primitivos, às vezes até se intitulando como "espíritas", em inequívoco ludíbrio à comunidade, pois a Doutrina Espírita não sanciona a utilização de quaisquer que sejam as substâncias desse gênero para o desenvolvimento de seus médiuns nem para os seus trabalhos práticos, posto entender a mediunidade como uma faculdade que não se deve forçar o desenvolvimento.

Ao mesmo tempo, através do seu viés científico, relaciona os procedimentos seguros a adotar para a constatação de sua realidade e para a sua prática segura.

Além do mais, imprescindível é que se diga: toda substância psicoativa tem lá os seus efeitos colaterais, e até mesmo – muitas delas – causa dependência no usuário, que passa a necessitar sempre de maior dosagem para a efetivação dos mesmos efeitos, ampliando os efeitos colaterais deletérios.

Até mesmo o tabagismo, que durante muito tempo posou de "inocente" – sob a aceitação geral de determinar apenas dependência psíquica –, sabe-se hoje também conduz à dependência física.

Aliás, em uma dessas experiências para demonstrar a dependência física produzida pelo cigarro comum, injetou-se nicotina na veia de um pesquisado com intenso desejo de fumar. Com isso o paciente teve sua "necessidade" aplacada, demonstrando que a presença da substância no sangue (no cérebro) substituiu o ato de fumar.

a) A Droga no Mundo e no Brasil

O uso continuado de drogas psicoativas sem objetivos médicos tem crescido no mundo inteiro e já de há muito vem se constituindo sério problema de saúde pública.

Ao final da década de 80, cerca de 62 milhões de pessoas haviam feito uso de maconha nos Estados Unidos da América, enquanto 25 milhões já haviam experimentado a cocaína naquele país, encontrando-se uma prevalência de abuso/dependência da ordem de 6,2% da população geral[97].

Em pesquisa recente encomendada pelo Centro Brasileiro

---

[97] Significa a manutenção do uso da droga.

de Informações Sobre Drogas Psicotrópicas (CEBRID) e publicada na revista "Veja", observa-se um crescimento do número de pessoas que fazem uso continuado de drogas consideradas ilegais. Há dez anos era da ordem de 2,5% e atualmente já alcança a cifra dos 3,3 percentuais.

E atentemos que a pesquisa não levou em conta o uso de tabaco e álcool e foi realizada com 15 mil estudantes de escolas públicas nas principais capitais do Brasil. Através dela ficou demonstrado que 30% dos estudantes de Porto Alegre já experimentaram algum tipo de droga.

Fortaleza ocupa uma posição de destaque – nada lisonjeira –, com 28%, seguida de Curitiba com 27% e Recife com 26%.

No Brasil, são gastos anualmente cerca de 300 bilhões de dólares como resultado do uso de drogas de um modo geral.

Esses números são bastante expressivos e devem alertar-nos quanto à magnitude do problema entre nós.

E isso tudo, já o afirmamos, sem que se fosse analisado o uso de tabaco (cigarros comuns) e álcool, outros dois gravíssimos problemas para nós.

O pior é que, em nossos dias, há grupos de pessoas defendendo a descriminação da maconha, alegando que com isso diminuiria o seu uso, pelo fato de não ser mais proibida e, ainda, afirmando ser ela menos prejudicial que o cigarro e o álcool. Como todos aceitam o uso dessas últimas drogas – dizem –, então nada impede se legalize o uso daquelas.

Puro sofisma porque se outrora houvéssemos impedido ou dificultado o uso, dessas drogas legalizadas, certamente não teríamos hoje o grande número de mortes decorrentes do seu uso anualmente.

Quantos dramas não vimos presenciando em nossa sociedade sofridos por aqueles que se entregam aos vícios de fumar e de ingerir bebidas alcoólicas!

De outra forma, a afirmativa de que a maconha é isenta de maiores problemas não corresponde à realidade, a despeito de algumas especulações sobre a possibilidade de seu uso terapêutico em algumas enfermidades. Mas isso logo veremos.

As drogas mais usadas são tabaco, álcool, maconha, cocaína, *ecstasy* e solventes.

b) Principais estados de dependência

b_1*) Tabagismo*

Indiscutivelmente vê-se uma reagudização do uso de cigarros (tabagismo) pelos adolescentes e jovens no Brasil e no mundo, que até há bem pouco tempo parecia haver diminuído. De fato, houve algo que modificou a "cabeça" dos jovens, pois não faz muito tempo presenciava-se uma repulsa ao tabagismo por parte da juventude, entendendo ser uma atitude pouco inteligente. Mas, de alguns anos para cá, tenho sentido um crescimento considerável, pela constatação cotidiana de cada vez mais jovens fumando publicamente.

Conquanto seja uma droga de uso permitido pelas leis em praticamente todo o mundo, não se tem conseguido reduzir significativamente os percentuais de pessoas viciadas em todas as faixas etárias e em ambos os sexos.

Aliás, os estudiosos não têm dúvidas em afirmar que o tabagismo constitui-se na mais grave pandemia contemporânea. De fato, mais de 1 bilhão de pessoas são tabagistas, e anualmente desencarnam cerca de 3,5 milhões em decorrência do uso crônico do tabaco.

No Brasil, são mais de 100 mil óbitos anuais, o que significa 1 óbito a cada 5 minutos determinado pelo vício do tabagismo.

A exploração comercial cada vez mais se expande e mesmo os impostos cobrados não podem servir de argumentação positiva para a tolerância de seu uso, pois o Estado gasta muito mais no tratamento das enfermidades determinadas pelo uso continuado do fumo.

Sendo uma das drogas mais estudadas, sabe-se que origina muitos males, dentre os quais: câncer de boca, câncer de laringe, câncer de pulmão, câncer de bexiga, doença coronariana e morte súbita, doenças vasculares importantes, inclusive acidentes vasculares cerebrais (derrames cerebrais) e impotência. Problemas circulatórios dos membros inferiores e superiores (Tromboangeíte Obliterante), doenças respiratórias que causam intenso desconforto respiratório pela diminuição da capacidade respiratória e determinam uma péssima qualidade de vida (Doenças Pulmonares Obstrutivas Crônicas – DPOC).

Estudos realizados na Universidade de Bristol (Grã-Bretanha) concluíram que mulheres casadas tabagistas, com vida sexual ativa e regular e desejosas de engravidar, têm 50% menos possibilidades de fazê-lo que as não fumantes e que mesmo as fumantes, passivas tinham diminuída a sua capacidade fértil (14% menos de possibilidades).

b_2) Alcoolismo

Nos Estados Unidos, a indústria do álcool e de outras drogas vem mobilizando recursos da ordem de 80 bilhões de dólares anuais.

O álcool etílico é uma outra droga livre que causa grande transtorno social e é responsável por prejuízos financeiros imensos para o Estado, para a sociedade, para a família do doente e obviamente para ele próprio.

As bebidas alcoólicas eram de baixo teor alcoólico até a Idade Média, quando os árabes introduziram as técnicas da destilação na Europa, sob a alegativa de que o álcool seria o elixir da longa vida e servia como remédio para a cura de muitos males.

Até hoje permanece em muitos o atavismo de que álcool prolonga a vida e que faz bem à saúde. A propósito o vocábulo *whisky* é derivado do gálico *usquebaugh* (água da vida).

Entretanto, o que se tem visto é exatamente o oposto: a sua utilização determinando vários estados morbosos e a precocidade na desencarnação.

O uso de alcoólicos é tão difundido e aceito no mundo que dentro daquele conceito de que o normal representa o que é mais comum, quem não bebe é rotulado de anormal.

Nos Estados Unidos da América, 75% da população faz uso dos alcoólicos.

No Brasil há uma prevalência de alcoólatras de 12% da população, sendo que, admite-se, 80% dela faz, de alguma forma, uso de bebidas alcoólicas.

A faixa etária mais atingida é a que vai de 25 a 55 anos, exatamente a mais produtiva. Hoje, porém, é relativamente comum ver criança bebendo e até sendo estimulada pelos pais a fazê-lo.

Podemos distinguir dois grupos de pessoas que usam bebidas alcoólicas:
* os bebedores sociais
* os alcoólatras.

Os primeiros, quando bebem com regularidade, se predispõem a fazer parte do segundo grupo, composto por enfermos, em outro momento reencarnatório.

Os componentes do segundo grupo são como vimos doentes. As pesquisas médicas têm sugerido ser a doença de caráter hereditário; como espíritas, entendemos que é o resultado das suas ações em outras existências.

Como já afirmamos, o uso crônico de bebidas alcoólicas desenvolve problemas de vária ordem. Vejamo-los:

* Problemas familiares:
  ⊃ Desajuste conjugal e divórcio,
  ⊃ Traumas psicológicos,
  ⊃ Violência psicológica e física,
  ⊃ Desastre financeiro;

* Problemas sociais:
  ⊃ Aumento da violência (maior índice de homicídios e

de lesões corporais),
◯ Aumento dos acidentes automobilísticos,
◯ Aumento do absenteísmo no trabalho;

- Problemas de Saúde:
◯ Distúrbios cerebrais (Encefalopatia de Wernicke e Psicose de Korsakoff),
◯ Problemas cardíacos (miocardiopatia, arritmias),
◯ Problemas digestivos (gastrites, esofagites, duodenites, pancreatites),
◯ Problemas no fígado (esteatose, hepatite alcoólica, cirrose hepática),
◯ Anemia e hemorragias,
◯ Diminuição das defesas orgânicas e predisposição às infecções,
◯ Impotência, perda da libido, atrofia testicular, ginecomastia[98],
◯ Efeitos teratogênicos (microcefalia, QI baixo, atraso do crescimento, lábio superior pouco desenvolvido e outras malformações).

A grande dificuldade para o doente de alcoolismo é reconhecer-se enfermo.

Os "bebedores sociais" não se acham necessitados de reverem o seu comportamento, em atitude profilática; enquanto os alcoólatras, em geral, não se aceitam enfermos.

É somente a partir da sua conscientização dos distúrbios que determinam a si próprios, aos familiares e à sociedade que se podem beneficiar de um tratamento capaz de promover a abstinência alcoólica.

---

[98] Aumento de volume das mamas no homem

b_3) *"Cannabismo"*
Uma das drogas mais usadas no mundo inteiro é, sem sombra de dúvida, a maconha.

Originada de uma planta, a *cannabis sativa*, tem no Tetrahidrocanabinol (THC) a sua substância ativa. Apesar disso também são encontrados em sua composição, assim como no tabaco, grande número de outras substâncias, como os hidrocarbonetos cancerígenos.

O seu pico etário de uso encontra-se na chamada adolescência tardia que vai dos 18 aos 25 anos de idade.

Em geral é fumada, podendo mais raramente ser ingerida, bebida e aplicada na veia.

Quando fumada seu efeito se inicia aos 10 minutos, alcançando o pico após 20 a 30 minutos e durando cerca de duas a três horas.

Ao contrário do que se tem procurado propalar em nossos dias, o THC age no Sistema Nervoso Central, no Sistema Cardiovascular e no Sistema Reprodutor. Além disso, os hidrocarbonetos podem levar ao aparecimento de cânceres, após uso prolongado, tanto quanto o cigarro comum.

Vejamos alguns dos seus efeitos:

- Efeitos psíquicos agudos:
  - Ansiedade, relaxamento, sociabilidade,
  - Euforia, aumento da sensibilidade a estímulos externos,
  - Alterações da consciência e da percepção do tempo,
  - Alterações dos reflexos, dificuldade na avaliação, espacial e pensamento lentificado,
  - Agressividade, ideação paranóide, perda do juízo crítico, síndrome do pânico;

- Efeitos psíquicos crônicos:
  - Apatia,

⊃ Diminuição da motivação,
⊃ Diminuição da memória recente,
⊃ Diminuição da concentração;

- Efeitos físicos agudos:
⊃ Taquicardia[99],
⊃ Tremores finos,
⊃ Conjuntivas hiperemiadas (avermelhadas),
⊃ Redução da coordenação motora, alterações do equilíbrio,
⊃ Precipitação de convulsões em epilépticos;

- Efeitos físicos crônicos:
⊃ Bronquite, sinusite, faringite,
⊃ Redução da capacidade imunitária (ação sobre os linfócitos),
⊃ Redução da testosterona (hormônio masculino),
⊃ Diminuição do volume do esperma, atrofia da próstata e dos testículos,
⊃ Períodos anovulatórios,
⊃ Recém-nascidos de baixo peso,
⊃ Redução da capacidade de dirigir automóveis.

É verdade que, de um modo geral, as alterações são reversíveis com a descontinuação do uso da droga mas, enquanto não, os problemas se fazem presentes com toda a sua inconveniência.

Entretanto, não se sabe exatamente qual a intensidade da implicação irreversível real sobre o Sistema Nervoso Central, pois sabendo-se que a droga é utilizada na adolescência e sabendo-se mais que o Sistema Nervoso ainda está passando por maturação

---

[99] Elevação da freqüência dos batimentos cardíacos.

nessa fase, é de se imaginar que as tais alterações importantes e irreversíveis possam se fazer nesse processo de amadurecimento.

Por tudo isso, fácil é concluir que a maconha não é uma droga tão inocente assim, ao ponto de concordarmos em simplesmente descriminar o seu uso. Primeiro, pelos malefícios imediatos que pode causar ao seu usuário e à sociedade; depois, pelo fato de ser exatamente a partir dela que se inicia o tortuoso caminho para outras drogas mais destrutivas ainda, pois sabe-se que essa é a história natural mais freqüente do toxicômano.

O dr. Jeziel da Silva Ramos[100], em entrevista concedida à "Revista Espírita Allan Kardec"[101], assim se posiciona sobre o assunto:

"A idéia falsamente divulgada que a maconha é uma droga inofensiva, que é menos prejudicial que o tabaco, que não tem química etc., tem como objetivo aumentar o lucro das grandes corporações que vivem do comércio de drogas.

A maconha é uma droga muito prejudicial à saúde física, mental e espiritual do indivíduo. Tenho visto inúmeros casos de usuários exclusivos da **cannabis sativa** *(maconha) desenvolverem profundos desequilíbrios psíquicos e sócio-familiares, com repercussões definitivas na qualidade de vida.*

(...) a maconha tem sido a droga de escolha pelas regiões inferiores do mundo espiritual para seduzir as mentes mais jovens e inexperientes de crianças e adolescentes, levando-as para os abismos da loucura e do desespero".

Vejamos também, a esse respeito, a opinião do conhecido e respeitado ator brasileiro Carlos Vereza, em entrevista recente no "Programa do Jô"[102], criticando certo artista internacional que

---

[100] Médico psiquiatra do Hospital Espírita Eurípedes Barsanulfo, em Goiânia-GO.
[101] "REVISTA ESPÍRITA ALLAN KARDEC". Álcool e Drogas – Onde Está a Cura? Ano XII, nº 43.Goiânia-GO.
[102] Rede Globo de Televisão

havia passado por aquele programa, anteriormente, e que, de certa forma, havia feito apologia à maconha:

> "*Acho um absurdo o sujeito vir fazer apologia da maconha. Eu já usei tudo isso e sei o mal que isso faz. Sei dos amigos que perdi, que morreram por causa das drogas. Então, eu não admito isso!*"

b_4) Cocainismo

A cocaína é a droga pesada de maior distribuição no mundo inteiro. É, das drogas consideradas ilegais, a segunda mais usada em todo o mundo.

Derivada de um alcalóide (*Erythoxilan coca*), é utilizada comumente na forma de pó, que costuma ser cheirado (intranasal) ou aplicado na veia (endovenoso). No primeiro caso, determina, com o passar do tempo, a destruição do septo nasal; o segundo, pelo fato de ser comum o uso coletivo da mesma seringa para a aplicação da droga, constitui uma das crescentes e importantes formas de transmissão da AIDS.

A droga pode ser ainda fumada como cigarro (inclusive de maconha), ingerida e inalada.

Tem ação nos centros de recompensa do Sistema Nervoso e determina dependência com muito mais rapidez e em maior percentual que a maconha[103].

Droga bem mais danosa, costuma desenvolver sérios problemas de saúde, culminando com a desencarnação.

Vejamos algumas das reações e efeitos mais freqüentes desencadeados pelo seu uso:

- Efeitos psíquicos agudos:
  ⊃ Redução do sono e da fome,

---

[103] Costuma determinar dependência em um percentual cinco vezes maior que a maconha.

⊃ Euforia, aumento da autoconfiança, agressividade, megalomania, pensamentos rápidos,
⊃ Aumento subjetivo da capacidade intelectual,
⊃ Aumento da impulsividade sexual,
⊃ Perda do juízo crítico em relação a situações de risco;

• Efeitos psíquicos crônicos:
⊃ Mimetização de transtornos psiquiátricos,
⊃ Alterações da personalidade,
⊃ Ataques de pânico,
⊃ Insônia,
⊃ Idéias delirantes de perseguição,
⊃ Fobias e alucinações,
⊃ Desesperança, depressão, ideação suicida;

• Efeitos físicos agudos:
⊃ Aumento da pressão arterial, sudorese e taquicardia,
⊃ Pupilas dilatadas,
⊃ Convulsões;

• Efeitos físicos crônicos:
⊃ Arritmias cardíacas, infartos, miocardiopatia[104] e insuficiência cardíaca (coração com a função reduzida),
⊃ Acidentes vasculares cerebrais (derrames),
⊃ Impotência e anorgasmia (feminina),
⊃ Abscessos e linfangites[105],
⊃ Bronquites de Doença Pulmonar Obstrutiva Crônica (DPOC).

---

[104] Doença da camada muscular do coração
[105] Inflamação dos vasos linfáticos

Comumente o paciente vai se decompondo em termos de pessoa, marginalizando-se e prostituindo-se para conseguir suprir as suas necessidades cada vez mais elevadas e freqüentes.

Crack

Nas camadas mais pobres da população e já atingindo a classe média, observa-se, em nossos dias, o crescimento do consumo do denominado *crack*.

O *crack* é um subproduto da cocaína (não refinada) à qual se associa uma substância básica – geralmente bicarbonato de sódio –, fumado em cachimbo de fabricação doméstica e que mostra um efeito devastador.

Age sobre o cérebro, logo aos oito segundos, e determina dependência já no primeiro cigarro.

De uso fácil e preço baixo, é extremamente acessível, o que o torna mais perigoso ainda.

Tem ação superestimulante para as atividades sensoriais e motoras, assim como no sistema límbico (região cerebral reguladora das emoções), além de agir diminuindo a fome.

Seus efeitos duram cerca de duas horas e logo depois o usuário desmaia, acometido de profunda fraqueza (e inclusive como conseqüência de exaustão neuronal).

O uso do *crack* leva à morte em tempo curto, por overdose ou por seu efeito crônico.

b_5) Outras viciações

⊃ Ecstasy

Dentre as demais drogas, vale a pena chamar a atenção para o *ecstasy*, em decorrência do aumento na incidência de seu uso.

O *ecstasy* é a **m**etileno**d**ioxi**m**eta**n**fetamina (MDMA), uma mistura de alucinógeno e anfetamina, sintetizada por um laboratório alemão, em 1914, e ensaiada para uso como moderador do apetite e em quadros psiquiátricos.

Em 1985, concluiu-se pela elevada dependência química resultante do seu uso, tendo sido a substância, a partir daí, contra-indicada e inserida no grupo das drogas ilegais.

Atua no Sistema Nervoso causando bem-estar, loquacidade, desinibição, aumento da libido e elevação do humor.

Os usuários costumam afirmar que *"o **ecstasy** dá vontade de beijar, de tocar as pessoas e de transar"*[106].

Os efeitos, porém, são efêmeros e logo aparecem efeitos maléficos e muitas vezes graves como: convulsões, insuficiência renal e hepática, hemorragia cerebral e até **morte súbita**.

Também pode levar ao aumento da temperatura corporal, com grande perda de líquido e de eletrólitos, levando a uma séria desidratação.

Distúrbios psiquiátricos podem eclodir, a partir do uso inicial do *ecstasy*, tais como síndrome do pânico, alucinações e depressão.

⊃ Solventes

Não poderíamos deixar de falar em um grupo de substâncias industriais bastante heterogêneas, capazes de produzir, em determinadas doses, intensa depressão no Sistema Nervoso Central, levando à morte por sufocação, aspiração, parada respiratória e arritmias cardíacas.

De uso mais freqüente do que se possa imaginar, os estudos têm demonstrado que, no Brasil, são a terceira droga mais experimentada por alunos de nível fundamental e médio em escolas da rede estadual das dez mais importantes capitais brasileiras.

Entre os meninos de rua de três diferentes capitais brasileiras, os solventes foram a primeira droga a experimentarem.

Como dissemos, compõem extenso grupo de substâncias tais como colas, aerosóis, soluções de limpeza, removedores de

---

[106] "GLOBO CIÊNCIA", ano V, maio de 1996, n° 58.

esmalte, fluidos de isqueiro, tintas, derivados de petróleo, entre outros.

Em seus sintomas iniciais predominam a excitação com risos, agitação e desinibição, seguidas por tontura, obnubilação e sonolência. Podem ocorrer alucinações visuais e comportamento agressivo.

Alterações cardíacas, respiratórias, renais e do Sistema Nervoso costumam aparecer com o seu uso continuado.

c) Alterações patológicas da consciência

Naturalmente, o uso de todas essas substâncias psicoativas modificam o estado de consciência de forma patológica, remetendo o usuário a relações com regiões espirituais inferiores, dada à grosseria das vibrações que costumam levar alguém ao uso de drogas. Isso resulta em obsessões importantes e vampirizações extenuantes.

Além do mais, embora de forma distorcida, as alucinações costumam traduzir a forma de interpretação pelo paciente da ação dessas entidades nos seus momentos de alterações da consciência.

Com o passar do tempo, o perispírito vai assimilando as vibrações e cargas deletérias, alterando-se e abrindo as percepções nebulosas do mundo espiritual de forma cada vez mais corriqueira.

Daí a confusão mental que se observa em boa parte dos pacientes toxicômanos crônicos.

Podemos afirmar, então, que o uso de psicotrópicos costuma predispor a uma atividade mediúnica involuntária, deletéria e patológica.

d) Causas do uso de tóxicos

Muitos são os motivos envolvidos na gênese da toxicomania.

O próprio Espírito, em função de sua inferioridade, poderá buscar a felicidade nas sensações orgânicas e psíquicas produzida pelas substâncias tóxicas, sendo que, muitas vezes, traz uma compulsão ao vício como resquício de viciações em uma encarnação anterior ou na busca de sensações como Espírito desencarnado ao sintonizar com um viciado encarnado.

No caso do alcoolismo, os cientistas já confirmam a sua hereditariedade em parte dos usuários.

Também em relação ao tabaco, na tentativa de elucidar aqueles casos de difícil tratamento, já se aventa a possibilidade de uma causa semelhante.

Seguindo tal raciocínio, podemos teorizar que muitos dos casos de drogadição têm suas bases assentadas em um passado longínquo.

O vazio espiritual, que age maciçamente em nossa sociedade, onde se esquecem os valores espirituais capazes de responder às mais elementares questões existenciais, constitui fator relevante na indução para o uso de drogas. Isso conduziria a experiências diferentes, ao mesmo tempo em que momentaneamente silencia a mente inquisidora.

Sendo assim, a insatisfação mórbida, a imaturidade, a ânsia por auto-afirmação e uma tendência à mimetização comportamental do ser humano são fatores psicológicos de indiscutível destaque.

Porém, não menos destacados são os fatores familiares, como a ausência dos pais, a carência afetiva, o desrespeito, os maus exemplos, a permuta da atenção e do carinho paternos devidos por dinheiro, bens materiais e pela satisfação de todos os caprichos dos filhos, como costuma ocorrer nas famílias desajustadas ou em que os pais fazem da atividade profissional prioridade um (ou única?).

Por outro lado, o excesso de mimos que faz da criança e do adolescente um eterno insatisfeito e o fomento a uma postura imediatista que, inclusive, leva os pais a entupirem os filhos de medicamentos para que não sintam o menor desconforto, assim como aquelas situações em que os genitores escravizam os filhos impedindo-os de viver e de crescer. Tudo isso pode contribuir para a instalação dos quadros de drogadição.

Didaticamente podemos dividir essas causas em:

- Anímicas:
  ⊃ Imperfeição do Espírito,
  ⊃ Compulsão ao vício (doença reativa tardia ou "cármica");

- Espirituais:
  ⊃ Vampirizações,
  ⊃ Obsessões;

- Psicológicas:
  ⊃ Imaturidade,
  ⊃ Tendência imitativa,
  ⊃ Busca de auto-afirmação;

- Familiares:
  ⊃ Carência afetiva,
  ⊃ Ausência dos pais,
  ⊃ Superproteção;

- Socio-culturais:
  ⊃ Influência da mídia,
  ⊃ Más companhias (obsessão encarnada),
  ⊃ Indução por traficantes.

VI - Existe Vida... Depois do Casamento?

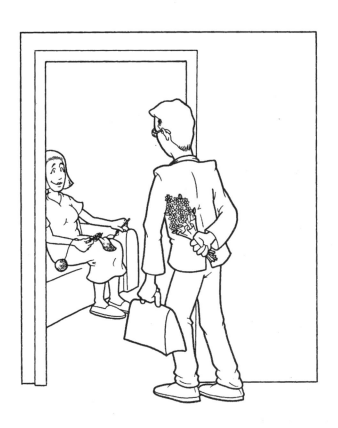

VI - Existe Vida... Depois do Casamento?

Mas, afinal, é possível considerar que, mesmo após a união esponsalícia, se pode ter uma vida semelhante àquela que se levava na condição de solteiro?

A pergunta procede, sem dúvida, pois nos deparamos cotidianamente com grande número de pessoas que se queixam e até se dizem ludibriados em seus anseios para com o casamento.

Por outro lado, embora as estatísticas venham apontando para um crescente número de pessoas que vivem solitariamente, esses descasados não desistem do casamento e prosseguem na procura da pessoa certa para a união conjugal. Por que isso acontece?

Se a grita se efetua de maneira tão contundente, não seria de esperar que os reclamantes se desviassem completamente do desejo de um novo casamento?

Sim, pois errar tendo como razão o desconhecimento é compreensível, mas se já concluíram pela total infelicidade dessa relação, como explicar que renovem a mesma atitude anterior?

O fato é que as estatísticas revelam: mesmo os que optaram pela vida solitária mantêm acesa a esperança de encontrar o parceiro ideal para a vida em comum.

Costumam ser, nessa situação, muito mais exigentes e previdentes na escolha do futuro cônjuge, mas não estão inteiramente satisfeitos com a vida que desfrutam.

Ora, diante de tudo isso, é óbvio que esse quadro dantesco descrito por tantos sobre o casamento não deve ser assim uma realidade tão evidente, pois se o fosse ninguém desejaria repetir experiência, à exceção daqueles patologicamente incapazes de julgamento e discernimento.

Analisando bem o quadro apresentado, chegamos à conclusão de que a vida de solteiro indubitavelmente apresenta algumas vantagens sobre a de casado, mas não está isenta de desvantagens. Estas existem, sim, e causam desgosto, insatisfação, tristeza e desejo de mudança. É tudo uma questão de estar disposto a viver cada fase e cada período da vida, retirando-lhe todo o proveito em termos de bem-estar e aprendizado.

Penso que uma das maiores dificuldades que o Espírito tem na vida material é a compreensão dessas fases existenciais, seu sentido, seus benefícios e suas oportunidades de crescimento e evolução.

Aliás, parece-me válido afirmar que, assim como *"a embriogênese imita a filogênese"*[107], a evolução da personalidade encarnada mimetiza a evolução do Espírito.

1) Os Ciclos da Vida

A vida permite-nos caminhar por fases mais ou menos definidas em perfeita consonância com as nossas possibilidades de realização e necessidades adaptativas à nova incursão reencarnatória.

---

[107] Ernest Häckel (1834 – 1919) – biólogo alemão.

Existe Vida... depois do Casamento? 183

O Espírito procedente de uma realidade de vida bem diferente daquela encontrada no mundo de matéria densa, embora já com experiências pretéritas nessa atmosfera de menores níveis vibracionais, vai assumindo a sua capacidade paulatinamente, seguindo até o completo amadurecimento dos sistemas biológicos que lhe compõem a vestimenta orgânica.

A própria organização somática – em virtude do estado evolutivo da média dos que encarnamos nesse planeta – ainda se ressente da grosseria dos seus constituintes, necessitando de um tempo para que se permita posicionar nas melhores condições para a produção e intermediação das possibilidades anímicas para a respectiva vilegiatura carnal.

Então, em qualquer dos ciclos de desenvolvimento antropológico, podemos identificar as dificuldades a transpor pelo Espírito, mas também o lado ameno e positivo permitindo-lhe suportar as agruras próprias daquela circunstância existencial.

Ao lado do provocante problema, Deus dispõe todos os elementos inerentes à sua solução ao nosso alcance.

Diante do esforço do dia, o Criador acena-nos invariavelmente com o repouso noturno.

Ao que se acha sob a sombra e o acicate da tempestade, resta sempre a certeza de um dia ensolarado no porvir.

Na infância, por exemplo, podemos ressaltar a dependência do Espírito em relação aos seus pais e a sua limitação profunda no exercício do livre-arbítrio. Entretanto, suas faculdades como indivíduo se encontram temporariamente obliteradas, de modo a não interferirem sobre sua consciência. Por isso mesmo, não lhe são exigidas maiores responsabilidades, o que faz muita gente adulta comentar de sua "saudade" dos tempos de folguedos infantis. É a infância, no afirmar, dos Espíritos Reveladores *"um tempo de repouso para o Espírito"[108]*, uma espécie de refazimento

---

[108] KARDEC, Allan. – "O Livro dos Espíritos". Trad. J. Herculano Pires. Questão 382. Ed. EME: Capivari-SP.

para o enfrentamento das lutas da vida corporal que se avizinham. No período da adolescência, o Espírito passa a retomar, de maneira mais concreta, a sua real condição espiritual, buscando auto-afirmação como pessoa e conquistando paulatinamente a liberdade de ação e a capacidade sempre mais crescente de discernimento.

Dá-se também um despertar mais consistente para a concretude de sua sexualidade genital e para a condição biológica própria da polaridade sexual em que se encontra. Apesar disso, as intensas modificações anatômicas e fisiológicas, resultado da ação hormonal, causam-lhe conflitos importantes, assim como também essa transição que se faz da infância, de responsabilidade próxima da nulidade, para a juventude, em que se vê concitado à tomada de decisões, ao exercício do livre-arbítrio, capazes de pesar-lhe dolorosamente em sua vida futura.

A juventude costuma propiciar ao viajante anímico o vigor físico, a empolgação com a vida, a possibilidade de sonhar com o futuro e com o mundo, a crença de que pode corrigir as distorções da sociedade e mudar repentinamente o mundo. A despeito de tudo, a vida ainda se lhe mostra como uma grande incógnita. Necessita decidir-se quanto à sua atuação no mundo, à profissão a seguir, ao rumo a tomar, à companhia para os seus dias, à solução para as suas pulsões sexuais.

Tudo é um fazer, tudo é um porvir, exceto a sua identidade e a força vital pujante que palpita em sua indumentária biológica e os ideais como estradas luminosas a seguir.

A maturidade encontra o homem na vigência plena de sua capacidade intelectual, definida a sua atividade profissional no mundo, estabilizados os seus anseios sexuais mais imediatos. Seu poder decisório é, por isso mesmo, bem mais caracterizado e a sua voz muito mais acatada. Apesar disso, a atividade profissional consome grande parte de seu tempo, os cuidados da família um outro tanto e as responsabilidades se lhe fazem com todo o peso e rigor. Tem o papel de administrar não apenas os negócios, mas também o lar, naturalmente sofrendo as tensões secundárias a todas essas atividades. Passa paulatinamente a compreender que o seu corpo somático já não se comporta com a costumeira pujança juvenil, mostrando esboço de limitações aqui e ali.

A terceira idade costuma conferir ao Espírito um ar de sabedoria, assim como, uma serenidade adquirida nos embates da existência, aprendizado muitas vezes decorrentes da experiência amarga de sua impulsividade. Entretanto, nessa fase se enfrentam os desafios da readaptação, pois a família, na figura dos filhos, tomou seu próprio rumo e cuida dos seus próprios interesses, causando-lhe desconforto e alguma instabilidade emocional. Também se ressente do desgaste natural de sua vestimenta celular que freqüentemente determina-lhe relativa limitação.

Em nosso momento evolutivo, pelo fato mesmo de somente há pouco tempo vir se ampliando o contingente de pessoas nesse intervalo existencial, seus elementos são ainda tratados com preconceito, como se nada mais lhes restasse a fazer senão aguardar pacientemente a chegada da morte. Obviamente, que isso não passa de uma incapacidade interpretativa por parte das outras pessoas e, por vezes, do próprio indivíduo na terceira idade.

Vemos, então, que no atual estágio evolucional do planeta todas as fases existenciais apresentam vantagens e desvantagens do ponto de vista físico. Entretanto, sob uma abordagem espiritual, mesmo aquilo considerado como desvantagem é traduzido como notória possibilidade de crescimento anímico. A alma[109], porém, em seu ponto de vista material, em seu julgamento circunstancial, vê as dificuldades e vicissitudes do mundo de maneira dolorosa e por isso mesmo não vislumbra essa faceta promocional da aflição.

---

[109] A alma é, na convenção terminológica espiritista, o Espírito encarnado.

2) Vida a Dois e Progresso Anímico

Todos buscamos intuitivamente um parceiro com quem possamos constituir uma família, capaz de se constituir em nosso referencial de repouso, de afetividade em sua múltipla possibilidade, de realização como macho ou fêmea, de abrigo às intempéries e tropeços das relações sociais.

Aliás, as pesquisas, como afirmamos antes, têm demonstrado que, mesmo os indivíduos optantes por uma vida solitária, não desistem dessa busca a que somos impelidos pela via intuitiva e se permanecem solitários – dizem – é somente pelo fato de **ainda** não haverem conseguido encontrar alguém nos moldes de seus desejos e sonhos.

É óbvio que muitas pessoas, sob esse raciocínio, mantêm-se na condição de solteiros por toda a encarnação, à espera do parceiro ideal. Essa postura é resultante do costume egocêntrico da individualidade humana de ser superlativamente exigente para com o outro, enquanto por demais condescendente para com os próprios senões e defeitos. Para si: alguém sem defeitos; para esse alguém: ele(a) mesmo(a) com todos as suas imperfeições desculpadas...

A vida de casado proporciona à alma as maiores e melhores oportunidades para obtenção de êxito em seus propósitos palingenésicos, tendo por escopo específico franquear-nos a vivência do amor nas suas múltiplas facetas[110], operacionando-o pelos laços de afetividade que se vão constituindo nas relações do cotidiano com o parceiro e com a prole.

Dificuldades de relacionamento, desencontros, divergências de opiniões, desentendimentos tudo isso é próprio do nosso estado de desenvolvimento anímico e, ao mesmo tempo que sofremos na

---

[110] Rever capítulo II, item 05.

tentativa de solucionar tais transtornos, desenvolvemos nossa capacidade de viver em grupo, de ouvir o outro, de expor o próprio pensamento e de aprofundar os laços de fraternidade já suscitados, unicamente pela razão de se encontrarem os membros de uma família no mesmo barco, com interesses em comum e com sentimentos compartilhados por carências e necessidades recíprocas.

A proteção sentida por cada um de seus elementos deve-se exatamente à construção conjunta dessa segurança, legando cada um a sua fatia contributiva, na tessitura da confiança que se vai estabelecendo a partir das vivências comprobatórias de que todos se querem bem ou no mínimo buscam o bem-estar comum.

Não se pode negar a existência de postura às vezes antagônicas da parte de um ou outro integrante do grupo familiar, mas ainda aí se configura o desafio, o estímulo à convivência amigável e fraterna.

A família é indiscutivelmente o maior referencial que temos na vida, o nosso porto seguro, o reduto ao qual confiantemente nos resguardamos e procuramos naqueles instantes mais dificultosos e dolorosos das nossas relações com o mundo e com a sociedade.

Através do casamento, dá-se, também, a habilitação de cada um dos cônjuges para a prática responsável e segura da atividade sexual genital, um dos elementos responsáveis pela promoção da estabilidade emocional, em que patrocina o escape das tensões e a aquisição benéfica das energias de polaridade oposta emanadas pelo parceiro e dinamizadas pelo sentimento sobre o qual se estrutura a relação.

A paternidade e a maternidade exercitadas no casamento são, na verdade, as duas faces que se associam para o bom desenvolvimento psicológico dos filhos, que, como sabemos, nada mais são do que Espíritos imortais, ligados aos seus pais sob a regência das *Leis de Afinidade e de Causa e Efeito*, resultado das trajetórias por eles experimentadas nas trilhas e esquinas da vida, sob a tutela do livre-arbítrio.

O seguimento do progresso dos filhos, as emoções indescritíveis advindas dessa relação, a afeição que se vai aprofundando, a permuta de carinho, as preocupações conjuntas compartilhadas, os diversos distúrbios que surgem ao longo dessas experiências. Tudo isso causa uma sensação inenarrável, somente compreendida por quem já as vivenciou, nessa condição.

O egoísmo, o orgulho, o medo, a fraqueza, a pusilanimidade, a estreita visão imediatista do utilitarismo e da paixão têm levado muitas pessoas a abdicarem da vida a dois tão rica de experiências conducentes ao progresso anímico.

A opção para alguns é a denominada produção independente. Esta, no entanto, reflete muito mais egoísmo que qualquer outra coisa.

Nesse caso, o pai (ou a mãe) não leva em conta as limitações da orfandade impostas ao filho desde a sua concepção. Já se é concebido órfão! Na melhor das hipóteses, a criança já nasce filha de pais separados, com chances esporádicas – quando as tem – da relação cotidiana com as figuras paterna e materna, ambas de real interesse para o seu desenvolvimento como ser humano.

Ora! – argumentariam os defensores de tal atitude – Não existem as crianças em que um ou o outro genitor desencarna? Não se daria o mesmo problema, nessas situações?

Decerto que sim. Mas, convenhamos, tal lei, nessas circunstâncias, se cumpre à nossa revelia, enquanto que na produção independente é o pai (e/ou a mãe) que, usando do seu livre-arbítrio, **determina e impõe** essa condição ao seu filho.

É o caso de, mais uma vez, refletir-se acerca da mensagem evangélica:

*"Ai do mundo por causa dos escândalos! Porque é necessário que haja o escândalo, **mas ai daquele por quem vem o escândalo"**[111]* (grifo meu).

---

[111] Mateus, 18:07.

O que significa que, sendo imperfeitos, predispomo-nos a sofrer tal ou tal aflição, mas que o seu gerador, o patrocinador da aflição, assume a responsabilidade pelo ato realizado, pela sua ação voluntária de impingir orfandade ou restrição das relações familiares àquele que lhe vem na condição de filho, mas que não é sua propriedade, mas essencialmente um irmão de caminhada, de trajetória evolutiva.

Por mais se queira dissimular, nos casos em que há um pai (ou uma mãe), engendrando as visitas intermitentes do genitor ausente, ainda assim deixa de se efetuar o acompanhamento continuado, a assistência no momento certo, o exemplo da postura cotidiana, que são referências magnas para o Espírito em escalada pelo ciclo da infância.

Por tudo isso, concluímos, o casamento patrocina a cada um dos cônjuges experiências ímpares, compartilhadas pela entidade marido/mulher e incompletas, quando vivenciadas em separado.

Há portanto vida pujante após o casamento, vivências plenas e experiências indescritíveis, quanto necessárias.

Aliás, mesmo os problemas encontrados nesse relacionamento são conjunturas naturais ao Espírito em curso evolutivo que não os pode experimentar, no mesmo diapasão, em nenhuma outra situação em que se encontre: solteiro, divorciado, viúvo etc.

Problemas na vida, no entanto, quem não os tem? Problemas de toda ordem e inclusive de relacionamento pessoal.

A condição de solteiro não possui o dom de conferir imunidade a dificuldades, conflitos, tempestades, dificuldades, não! São naturalmente situações e problemas específicos àquele estado civil, mas tão complicados quanto os de todas as fases da vida, se utilizarmos um julgamento de proporcionalidade de condições de assimilação e resolução dessas dificuldades.

Abster-se de vivenciar a relação conjugal é abrir mão de crescer através das experiências por ela patrocinadas.

A fuga à responsabilidade conjugal explicitada pelas *Lei de Reprodução, Lei de Sociedade* e *Lei de Amor, Justiça e Caridade*[112] resulta da cultura do ego, do orgulho, da vaidade, males que têm entravado significativamente o desenvolvimento moral da Humanidade.

É exatamente esse o ensinamento dos Espíritos Imortais[113]:
"Qual o maior obstáculo ao progresso (moral)?
— *São o orgulho e o egoísmo."*

3) Sugestões para a Saúde do Casamento

Não tenho a pretensão de prescrever receita de felicidade, primeiro porque não as existem assim fechadas, depois pelo fato de me compreender limitado como todos e não desconhecer que as diferenças pessoais inviabilizam padronização conclusa.

Entretanto, baseado em alguma experiência conferida pela convivência conjugal na atual encarnação, e ainda na observação dos casamentos que têm dado certo e, além disso, procurando estribar-me na razão, na lógica e no bom senso, bem como nos objetivos de vida que nos devem animar a todos, segundo a Codificação Espírita, ouso elencar algumas sugestões, ao meu ver, capazes de manter o casamento, mas acima de tudo de facilitar sejamos, o mais possível, felizes, posto sabermos que nenhuma situação ou vivência na Terra é capaz de propiciar a felicidade completa, haja vista a condição de inferioridade reinante em nosso orbe terreno[114].

---

[112] KARDEC, Allan. – "O Livro dos Espíritos". Trad. J. Herculano Pires. Livro Terceiro, cap. IV, VII e XI. Ed. EME. Capivari-SP.
[113] Idem, ibidem. Questão 785. Ed. EME: Capivari-SP.
[114] "A felicidade não é deste mundo". Ver "Evangelho Segundo o Espiritismo", cap. V, item 20.

a) Respeito

Se o nosso próximo, já por si só, merece da nossa parte todo o respeito e consideração possíveis, mais ainda o merece aquele(a) que compartilha conosco as experiências do dia-a-dia, na condição de esposo(a). Para tanto, necessário é procurar entender a individualidade do cônjuge, as suas características e nuanças pessoais, bem como vislumbrar-lhe não somente os deveres como invariavelmente os direitos. Direito à liberdade de expressão, à manifestação como individualidade e ser pensante, à dignidade como pessoa, às suas peculiaridades psicológicas.

É comum sejam esquecidos esses relevantes pormenores, ante a constituição da figura do casal. Entretanto, cada um, a despeito de compreender-se componente da sociedade conjugal, anseia ver respeitada a sua personalidade.

Quando apenas um é induzido a cumprir com esse dever, a relação se torna vulnerável, manca, demorando-se tão-somente até o dia em que o outro desperte e resolva não mais se permitir tal situação.

Por outro lado, mesmo quando de maneira abnegada o cônjuge espoliado resolve suportar tal relação, o casal perde em frescor, em fluidez, em harmonia, em qualidade de vida, em espontaneidade, em felicidade esponsalícia, a expensas unicamente do egoísmo de um dos seus membros que, embora sem o saber está sendo prejudicado, pois o egoísta com sua ganância desequilibra o meio e, como precisa desse meio para viver, finda por prejudicar-se também.

Aliás, a respeito do tirano doméstico, o Espírito Lázaro, em comunicação intitulada "A Afabilidade e a Doçura"[115], esclarece-nos:

"Sua vaidade se satisfaz em poder dizer: 'Aqui eu mando e sou obedecido'; sem pensar que lhe poderiam acrescentar,

---

[115] KARDEC, Allan. – "O Evangelho Segundo o Espiritismo". Trad. J. Herculano Pires. Cap. IX, item 06. EME Editora. Capivari:SP.

com mais razão: 'E sou detestado' ".

b) Afetividade

As tribulações do cotidiano, as responsabilidades do trabalho, a preocupação com os acontecimentos da vida e a problemática educacional dos filhos exigindo esforço na busca de solução ou na tentativa de sua minimização.

A velocidade vertiginosa do ritmo da vida moderna globalizada, a acomodação e a ausência de um planejamento para a oxigenação da vivência conjugal.

A displicência de parte a parte, o domínio dos impulsos e a extinção das labaredas da paixão.

Tudo isso costuma repercutir no relacionamento afetivo do casal.

De modo que, após algum tempo de vida a dois, é relativamente comum observar-se um certo resfriamento na relação e grande ruído na comunicação. É como se cada um passasse a imaginar de si para consigo que o outro, já sabedor dos seus sentimentos, não mais carece vê-los traduzidos em palavras e ações.

Com isso, um já não verbaliza para o outro o que lhe vai no íntimo e, com o passar do tempo, até se inibem de dizer um para o outro: **"Eu te amo"**, haja vista parecer-lhe uma atitude piegas, sem sentido. Entretanto, ambos se ressentem com isso, sem perceber que a problemática é bilateral.

No mundo material, as linguagens falada e corporal representam importantes formas de comunicação. Daí não se poder prescindir, via de regra, da sua utilização nos relacionamentos do cotidiano.

O carinho, a carícia, o afeto vão perdendo lugar na interação do casal e, a partir daí, inicia-se o definhamento da relação marital. Aqueles são indiscutivelmente alimentos para a alma e a sua ausência finda por desnutrir os cônjuges, por embaçar-lhes o viço. De modo que, cegos à sua participação na gênese de semelhante estado, tornam-se vulneráveis à ação e ao envolvimento de terceiros (encarnados ou desencarnados).

Afora isso, o corpo físico já reflete e se ressente das naturais injunções do tempo, podendo levar cada cônjuge a se imaginar menos amado, o que lhes vai determinar a redução da auto-estima com repercussão variada, a depender da maturidade psicológica e anímica de cada um.

Assim sendo, é vital para a higidez do casamento que cada um esteja imbuído do desejo de proporcionar ao outro a segurança quanto ao sentimento, oferecendo material afetivo diário, independentemente do fato da relação sexual genital, que muitas vezes se exercitam como obrigatórias, fisiológicas e maquinais.

c) Tolerância
O egoísmo de que nos ressentimos, engendra um comportamento estranho do ser humano, que é o de colocar-se no centro do Universo. Frente a uma mesma atitude reagimos diferentemente, julgando-a sempre sob a óptica do próprio benefício. É assim que usualmente criticamos no outro justamente os defeitos que trazemos em nós mesmos.

Projetamos a nossa sombra, como se desejássemos nos libertar dela, fazendo-a incidir naqueles que se afinizam nesse comportamento conosco.

Assim, exigimos do outro humildade, quando somos orgulhosos; leveza, quando somos pesados; sinceridade, quando falsos; serenidade, quando impulsivos; compreensão, quando intolerantes; otimismo, quando pessimistas; luz, quando respiramos trevas...

Ninguém nessa vida há que não apresente limitações, dificuldades e defeitos. Portanto, é bem compreensível que nosso parceiro também os apresente intimamente e os exteriorize nas dobras do tempo.

Então, embora não nos seja impositivo deixar de observar-lhe os senões, necessário é que relevemos as suas atitudes, lembrados de que também nós trazemos as nossas falhas. Sem dúvida que, antes de nos casarmos, podemos sempre de alguma forma perceber certos defeitos incompatíveis com a nossa capacidade de aceitação, o que nos permite concluir pela inviabilidade da união.

Mas entender a fraqueza do outro, relevando certas atitudes, é indubitavelmente atitude indispensável para a harmonia conjugal.

Nos casos em que a postura do outro tem o caráter de repercutir de forma muito negativa, comprometendo a saúde da relação, resta-nos o caminho do diálogo fraterno e compreensivo, na tentativa de salvaguardar o bom relacionamento. Sempre, porém, com tolerância e compreensão, atentando para o ensinamento de Jesus:

"Quem estiver sem pecado que atire a primeira pedra"[116].

d) Valorização do parceiro

Há homens que ao se depararem com uma mulher atraente, logo expressam comentário em tom jocoso:

"Isso é que é mulher! Não 'aquilo' que eu tenho lá em casa!".

Aliás, hoje em dia, já se podem ouvir também colocações semelhantes partindo das mulheres em relação aos seus maridos.

É hábito corriqueiro e negativo em nossa sociedade a observação dos defeitos do próximo, especialmente quando este está mais próximo.

No cotidiano da vida conjugal é usual depararmo-nos com essa prática e a ausência quase completa da estimulação e do reconhecimento das qualidades de cada cônjuge. Com o tempo de convivência, há casais que mais não se ocupam senão em observar os defeitos um do outro, quando o mais compreensível é que já houvessem aprendido a minimizá-los, a diminuir-lhes

---

[116] João, 08:07.

a importância.

Não significa que o parceiro desconheça o lado positivo e fértil do companheiro, mas ainda uma vez considera dispensável tecer qualquer comentário a esse respeito.

Desconsidera a necessidade do outro de saber-se admirado e valorizado por quem ama, concluindo ser indevido repetir tais elogios.

Bem ao contrário, porém, há sempre um estímulo quando, espontânea e sinceramente, alguém observa de maneira ostensiva os atos virtuosos e as realizações positivas de outro.

Entretanto, com freqüência, o cônjuge muito embora reparando e admirando aquele aspecto mais feliz de seu (sua) companheiro(a), apenas o observa e, com isso, perde uma belíssima oportunidade de expressar essa sua opinião contribuindo para um incremento da auto-estima do outro.

É lógico que não se esperam fingimento, palavras vazias, atitudes falsas, mas que seja externado aquilo que é sentido. Como todas as pessoas, por mais limitadas que se encontrem, apresentam invariavelmente uma face virtuosa, é sobre ela que se deve concentrar a atenção, para fortalecê-las e, quem sabe, estimular o desenvolvimento de outras.

e) Atenção
São muitos os momentos e as situações em que o casal se vê atarefado e especialmente às voltas com a educação e atenção dispensadas aos filhos. Sem dúvida que os filhos merecem a atenção e o cuidado do casal, mas que não se exceda, polarizando essa atenção exclusivamente para os filhos.

Dar atenção também ao marido (ou à esposa) é provar que não se está distante, mesmo diante de toda a dificuldade que venha a ocorrer. É demonstrar amizade e amor.

A relação conjugal, então, deve ser vivenciada inclusive no compartilhar das idéias, na troca de opiniões, na apreensão do estado em que o outro se posiciona: material, psicológico, espiritual...

Olhar para o parceiro, auscultar-lhe o estado íntimo, anotar-lhe os anseios é responsabilidade de rotina de ambos os esposos.

A solicitude e a atenção são pois atitudes indispensáveis à segurança e estabilidade da relação, à medida em que fortalecem a realidade da sociedade conjugal, demonstrando a preocupação com o bem-estar e as condições do outro.

f) Fidelidade

Já estudamos em "O Livro dos Espíritos"[117] o fato de a monogamia ser uma prova de progresso espiritual.

Sendo assim, é indispensável que a pessoa casada policie sua instintividade biológica e espiritual, para não se deixar conduzir à prática da infidelidade que, na maioria das vezes, tem em suas bases uma decisão e atitude impensada.

A boa saúde do relacionamento entre os esposos depende fundamentalmente de cada um procurar manter fidelidade ao outro. Não há como negar ser a infidelidade uma forma de desrespeito ao cônjuge, quaisquer que sejam as circunstâncias.

Eu poderia perfeitamente tê-la incluído para discussão na primeira dessas minhas sugestões (respeito). Contudo, devido à sua relevância como causa de separação conjugal, até pela sua freqüência e banalização em nossos dias, pareceu-me justo dar-lhe maior destaque.

As pesquisas têm demonstrado que os homens casados traem com muito maior freqüência suas esposas que elas a eles, apesar de vir ocorrendo um relevante crescimento das situações de infidelidade feminina[118].

---

[117] KARDEC, Allan. – "O Livro dos Espíritos". Trad. J. Herculano Pires. Livro Terceiro, cap. IV. Ed. EME. Capivari:SP.
[118] Pesquisa realizada recentemente, na Inglaterra, demonstrou que a infidelidade é tão freqüente no sexo feminino quanto no masculino, pelo menos naquele país. A diferença, parece, reside no fato de que eles propalam, e elas camuflam sua infidelidade.

Recentemente, uma reportagem de um jornal televisivo, levada a efeito por uma Universidade Americana e uma organização não governamental (ONG) de pesquisa, esclareceu-nos sobre o fato de, no mesmo universo da amostragem para a pesquisa, encontrarmos o fiel da balança apontando para uma elevada taxa de infidelidade masculina em nossos dias, como também de cifras menores para as mulheres.

Os homens entrevistados sobre a sua vida sexual anotavam machista e vaidosamente uma estratosférica estatística de infidelidade em muito maior intensidade do que a realmente acontecida, explicando, pelo menos em parte, a maior incidência de casos extraconjugais entre a população masculina.

O fato é que ninguém gosta de ser traído. A infidelidade causa distúrbios psicológicos indiscutíveis mesmo nas mulheres que aparentemente se mostram menos infensas a demonstrarem tal realidade, em ato estóico. Intimamente, porém – é bastante ter a oportunidade de auscultar-lhes o íntimo – elas sofrem quase tanto quanto os homens os efeitos da infidelidade em seus psiquismos.

Mais uma vez, aqui, vale passar as atitudes e ações pelo crivo da "Regra Áurea", ensinada por Jesus:

"Não façais aos outros aquilo que não desejaríeis que vos fizessem"[119].

g) Interesse sexual

"Sexo no casamento é somente para a procriação".

Este é um pensamento profundamente equivocado. Já vimos que a atividade sexual também possui outras importantes funções para a vida e para o ser que representamos.

Baseados naquela afirmativa, vários homens[120], ainda hoje,

---

[119] Mateus, 07;12.
[120] Aliás, várias mulheres ainda hoje sancionam esse pensamento masculino, indispondo-se a analisar a sua própria sexualidade periférica, carências e fantasias sexuais.

dicotomizam o seu comportamento sexual em conjugal e extraconjugal: em casa utilizam o sexo convencional e "sem emoção"; fora de casa, compensam com as fantasias.

Esse, aliás, é um aspecto do relacionamento genital que precisa ser reavaliado. Entre marido e mulher há que se fazer um clima de camaradagem, de busca pela satisfação completa do parceiro, naturalmente com o cuidado de respeitar a posição mental do outro, de se ter o cuidado para que o relacionamento não produza traumas físicos ou psicológicos, pois que deve ser a expressão de um sentimento.

Há quem não relacione sexo genital com amor. Mas como tudo na vida é uma questão de interpretação. O sexo genital pode ser realizado, bem o sabemos, unicamente a expensas do egoísmo de cada um, que unicamente busca o prazer pessoal, o orgasmo individual, a satisfação egóica.

Entretanto, essa forma de exercício da sexualidade periférica (sexo pelo sexo!) é secundada por distúrbios psicológicos ao longo do tempo, pois para que o ato sexual seja verdadeiramente completo é preciso existir, como já o dissemos, uma base no sentimento, que se nutra de afeto, e, por isso, que um se esforce por fazer outro feliz. Aliás, a sensação de ter contribuído para a realização plena do parceiro é algo tão prazeroso quanto a sensação orgásmica.

Apesar das carências individuais, são muitos os casais que se descuidam no tocante à atividade sexual periférica.

Ora o casal não pode, impunemente, esquecer, relevar ou subestimar a sua necessidade sexual e, ao mesmo tempo, descuidar-se do dever de proporcionar equilíbrio, serenidade e saciedade ao outro. De modo que, a despeito de uma natural redução na freqüência das relações sexuais, perfeitamente compreensível após algum tempo de casado, preciso é que se mantenha bem viva essa atividade, bem-humorada e saudável, contribuindo para a estabilidade emocional conjunta.

Lembremos sempre: em nosso atual patamar evolutivo,

todos temos dificuldades, anseios, conflitos e limitações na expressão de um sentimento, através da vida sexual periférica.

Que se busquem os cônjuges um ao outro demonstrando o seu interesse sexual recíproco e expondo suas emoções. Assim, à medida em que se vejam correspondidos, necessários e valorizados pelo outro, reforçam-se os laços de amizade, refulge o sentimento e se tecem maior harmonia íntima e grupal.

O exercício sexual periférico regular como expressão de amor redunda em espontaneidade, leveza, serenidade e melhora no humor de cada um dos seus participantes na vida social.

h) Amizade
Quando casamos somos mais que amantes. Somos companheiros, sócios, aluno e professor, cúmplices na vida e amigos.

Acima de tudo, há que prevalecer uma amizade verdadeira entre o casal.

Há quem apregoe e não entenda ser possível a amizade na relação conjugal, sob a suposta explicação de que uma anularia ou incapacitaria a outra. Isso, porém, é mais um dos preconceitos que se tem criado no palco dos relacionamentos afetivos.

Já vimos que o amor pode ser exercitado sob vários aspectos e regências– conjugal, maternal, paternal, fraternal...

A tendência é, pois, que nos engajemos a treinar todas as suas modalidades, com o fim de um dia alcançarmos o amor incondicional, o amor crístico, culminância fusional de todas as outras modalidades.

Logo a amizade, antes de esfriar a relação, é capaz de consolidá-la, fortalecê-la e mantê-la. E sem prejuízo da vida sexual genital. Pois, como poderia o casal se relacionar bem no campo afetivo se não nutrisse um sentimento de amizade recíproco?

Além do mais, isso resulta em uma predisposição ao respeito e à compreensão, bem como, em uma disposição à prática da tolerância de um para com o outro.

i) Cumplicidade conjugal

Dialogar, estar um com o outro, ter momentos exclusivos para a convivência conjugal, independentemente do fato de culminar com a relação sexual periférica, são pontos que devem ser cogitados no planejamento da vida a dois.

Diversão, lazer, visitas a outros casais amigos, realizados aqui e ali, mas com regularidade, aproximam marido e mulher e findam por fazer prevalecer essa sensação prazerosa da cumplicidade conjugal.

Muitos casais preocupam-se demasiadamente com a participação dos filhos nas relações do cotidiano. Isso, porém, é perfeitamente conciliável com os momentos de privacidade.

Os filhos devem ser levados a encarar com naturalidade a vida a dois de seus pais, desde que isso não os segregue da convivência grupal.

Afinal de contas, são eles os mais interessados em que se mantenha o vínculo esponsalício de seus pais. Mais que isso: na sua felicidade conjugal, no seu entendimento, na harmonia de sua relação.

j) Aparência e comportamento

A convivência tende a revelar os segredos mais íntimos de cada um.

Os detalhes do corpo, as nuanças comportamentais específicas, tudo isso se vai delineando, com o passar do tempo, com o conhecimento recíproco de um pelo outro.

Esse fato, por si só, ressalta a necessidade que cada um dos membros da sociedade conjugal tem de cuidar da aparência corporal, de procurar parecer mais atraente, mais desejável para o outro.

Os mais conservadores certamente que se espantarão com o assentamento de tal opinião em um livro espírita. Entretanto é bastante meditar o fato de a mídia a toda hora e a todo instante e de maneira agressiva explorar a sensualidade.

Para a venda de um simples fósforo, o fabricante logo veicula uma mulher ou um homem desnudo, provocante, atingindo o instintivo e o egóico, suscitando pensamentos de sexo periférico.

Se o esposo ou a esposa não se preocupa em dar alguma "melhorada" na aparência, é certo que, no mínimo, vai ser motivo, ainda que inconsciente, de analogia com o modelo veiculado pela mídia, até pela disparidade que se insinua.

Todos sabemos obviamente que, além de esses modelos não se encontrarem disponíveis assim a qualquer um, ainda são utilizados os mais diversos recursos para aperfeiçoar-lhes as formas anatômicas, ressaltar-lhes os melhores ângulos e determinar maior harmonia dos traços fisionômicos.

Lógico que a prudência e o bom senso devem ser o pano de fundo para essa reflexão, não necessitando que se procure vestir com agressividade ou adotar atitudes caricatas nesse sentido. Também não é a minha intenção dar qualquer conotação de pura sensualidade ou de induzir a que se adote um procedimento típico dos profissionais da prostituição. Não! Entendo, porém, que é mesmo uma atitude respeitosa para com o parceiro procurar dar uma certa atenção à aparência, ter um pouco mais de cuidado com a indumentária orgânica.

De outro modo, é de bom alvitre envidar esforços no sentido de tornar a relação sexual mais estimulante, evitando que se torne ato mecanizado, promotor da monotonia.

4) Sim, Existe Vida Depois do Casamento!

A pergunta *"Existe vida... Depois do casamento?"* conduz em seu íntimo dois significados.

O primeiro significado é analógico à questão *"Existe vida depois da morte?"*. Da mesma maneira que o Espiritismo comprova a vida após o desenlace, demonstrando ser ela muito mais exuberante, também o faz, pelo arrazoado teórico e racional, com relação ao casamento.

De fato, a vida de solteiro tem sua razão de ser na faixa etária correspondente à juventude, momento em que o Espírito se vê às voltas com o amadurecimento das suas funções anatomofisiopsíquicas, retomando a sua identidade como indivíduo e construindo as melhores condições para o exercício das múltiplas missões a que se impôs antes de reencarnar.

Porém, exceto em circunstâncias muito bem definidas, como nos casos em que o Espírito tem uma missão mais abrangente a lhe tomar quase todo o tempo e a comprometer o seu tempo e atenção no exercício dos deveres conjugais, o casamento costuma ser uma daquelas missões corriqueiras para a maioria dos seres encarnados.

Pelo casamento, o Espírito cumpre a sua missão no mundo na manutenção da célula familiar inserida no organismo social, contribuindo dessa maneira para o equilíbrio e a saúde do todo.

De outra forma, contribui para a realização, desenvolvimento e estabilização emocional do(a) companheiro(a) e dos futuros dependentes, através do relacionamento íntimo e cotidiano, oferecendo-se como instrumento para a sua felicidade.

Além disso, recebe dos que ampara o recíproco carinho e a doação promotores do seu próprio progresso e estabilidade íntima.

A união de esforços e a participação específica de cada um dos componentes do grupo familiar conferem segurança e respaldo para o cumprimento de seus deveres perante a vida e a sociedade, até como conseqüência do treinamento e da aprendizagem resultantes das experiências intrafamiliais.

Decerto, o casamento não nos isenta de enfrentar os distúrbios íntimos e de humor aos quais todos nós estamos fadados a encontrar nesta vida. Porém, inserido em um grupo familiar saudável, conquanto as dificuldades inerentes ao seu compreensível estado de imperfeição, indiscutivelmente o Espírito será alvo do afeto, do incentivo e do amparo dos que lhe compõem o grupo familiar e que lhe compartilham o calvário, na conta de companheiros, a fomentar-lhe a resistência e a coragem para o confronto inevitável, oferecendo seus próprios braços e pernas para a batalha da vida. Dessa maneira, edificam em conjunto a possível calmaria e serenidade de que carecem.

O segundo significado da questão estudada relaciona-se ao descrédito que vem envolvendo a relação conjugal em nossos tempos, em decorrência dos crescentes índices de casamentos malogrados, como já anotamos anteriormente.

Essas situações, no entanto, podem ser minimizadas – senão anuladas –, **se associarmos a razão ao sentimento**, na construção do lar. Pois, compreendendo os reais objetivos do casamento, aceitando a nova realidade de vida que com ele se vislumbra e, ao mesmo tempo, procurando cumprir os próprios deveres, haveremos de lograr construir relações mais sólidas e compatíveis com a verdadeira faceta esperada para a união conjugal.

A grande dificuldade enfrentada pelos cônjuges diz respeito à sua incompreensão quanto ao significado e às perspectivas do casamento, pelo quase exclusivo objetivo genital ou estranhos à sociedade conjugal.

A vida de casado, a despeito de introduzir o ser em uma nova realidade existencial, auxilia o Espírito encarnado dando-lhe um norte na vida, suscitando-lhe a assunção das responsabilidades que lhe cabem, estimulando-o a maiores vôos no sentido de proteção ao grupo e de progresso coletivo material, psicológico e espiritual.

Outra dificuldade com que se defronta o homem moderno e que atinge frontalmente a união conjugal é o seu medo de assumir as funções que lhe competem dentro da sociedade.

A visão de uma vida toda material repleta de gozos similares, com um mínimo de responsabilidade e um máximo de permissividade é uma das maiores responsáveis pelo vazio íntimo que caracteriza o homem contemporâneo, egoísta e solitário em meio à multidão.

Mas, assim como os índices de violência nas inchadas metrópoles alcançando seu ápice deverão regredir, porque a própria sociedade abrirá os olhos para a solução do problema, agindo em suas causas; também, a consciência da vida em família se firmará.

No novo milênio, com a instalação do Mundo de Regeneração, teremos uma família em que as suas relações endógenas se efetuarão harmonicamente. A hierarquia certamente será mantida na relação pais e filhos, porém a compreensão do significado dessas relações e dos laços que nos unem como Espíritos permitirão que o respeito e o amor sejam as suas diretrizes básicas.

As responsabilidades, os óbices, os desajustes e os problemas naturais desse mundo não devem acovardar a alma para a vida em família, rica em possibilidades de aprendizado, até porque, compreendendo-nos elementos do conjunto consangüíneo, agindo segundo espera de nós a função que nos cabe desempenhar, é certo que os momentos de boa convivência, de emoções positivas e solidariedade serão capazes de nos retemperar para os embates da vida.

Cada etapa da vida espera de nós um comportamento específico. Há, pois, um tempo para tudo. Não se pode permanecer toda a encarnação agrilhoado à condição infantil ou juvenil.

Cada período da vida orgânica tem naturalmente as suas próprias nuanças capazes de permitir o desenvolvimento do Espírito. Levemos em conta o ensinamento de Jesus: *"a cada dia basta o seu mal"*[121], ou seja, para cada fase devemos esperar as dificuldades que lhe são inerentes. Entendamos, porém, que associados a essas dificuldades, Deus nos coloca os instrumentos de satisfação, de bem-estar e de crescimento capazes de nos permitir suplantar todos os obstáculos, na dependência exclusiva

---

[121] Mateus, 06:34.

da nossa boa vontade e trabalho. De modo que não há uma fase da vida melhor que a outra. Todas são ótimas quando bem vivenciadas.

Que cada um faça a sua parte e se preocupe em dar o máximo em colaboração pela felicidade dos outros componentes e estaremos na estrada da libertação, pois é somente quando fizermos felizes os outros que nos capacitaremos a ser felizes de nossa parte.

VII - Para Refletir

VII - PARA REFLETIR

"Sobre o Amor"

"*O amor não tem outro desejo senão o de atingir a sua plenitude.*
Se, contudo, amardes e precisardes ter desejos, sejam estes os vossos desejos:
De vos diluirdes no amor e serdes como um riacho que canta sua melodia para a noite;
De conhecerdes a dor de sentir ternura demasiada;
De ficardes feridos por vossa própria compreensão do amor E de sangrardes de boa vontade e com alegria;
De acordardes na aurora com o coração alado e agradecerdes por um novo dia de amor;
De descansardes ao meio-dia e meditardes sobre o êxtase do amor;
De voltardes para casa à noite com gratidão;
E de adormecerdes com uma prece no coração para o bem-amado, e nos lábios uma canção de bem-aventurança"[122].

---

[122] GIBRAN, Gibran Khalil. – "O Profeta". Trad. Mansour Challita. Associação Cultural Internacional Gibran: Rio de Janeiro-RJ.

BIBILIOGRAFIA

ASSOCIAÇÃO MÉDICO-ESPÍRITA DE SÃO PAULO. - "Boletim Médico-Espírita". Nº 09. AME-SP: São Paulo-SP.
ASSOCIAÇÃO MÉDICO-ESPÍRITA DO BRASIL. - "Saúde e Espiritismo". AME-Brasil: São Paulo-SP.
ASSOCIAÇÃO PSICANALÍTICA DE PORTO ALEGRE. - "O Laço Conjugal". Artes e Ofícios Editora: Porto Alegre-RS.
CAJAZEIRAS, Francisco. - "Bioética - Uma Contribuição Espírita". Ed. Mnêmio Túlio: São Paulo-SP.
CAJAZEIRAS, Francisco. - "Evolução da Idéia Sobre Deus". Ed. EME: Capivari-SP.
CAJAZEIRAS, Francisco/Diversos Espíritos. – "Conselhos Mediúnicos". Ed. EME: Capivari-SP.
CARVALHO, Antônio César Perri de(organizador). - "A Família, o Espírito e o Tempo". Edições USE: São Paulo-SP.
DURANT, Will. - "Filosofia da Vida". Trad. Monteiro Lobato. Ed. "Livros do Brasil" Lisboa.

FIORE, Edith. – "Você Já Viveu Antes". Trad. Ana Maria Sarda. Editora Record: Rio de Janeiro-RJ.

FRANÇA, Genival V. - "Medicina Legal". Ed. Guanabara Koogan: Rio de Janeiro-RJ

GIBRAN, Gibran Khalil. - "O Profeta". Trad. Mansour Challita. Associação Cultural Internacional Gibran: Rio de Janeiro-RJ.

GLOBO CIÊNCIA, ano V, maio de 1996, n° 58.

GLOBO CIÊNCIA, ano 6, setembro de 1996, n° 62.

HUXLEY, Aldous. – "Admirável Mundo Novo". Trad. Vidal de Oliveira. Ed. Globo: Rio de Janeiro-RJ.

INCONTRI, Dora. – "A Educação Segundo o Espiritismo". Comenius: São Paulo-SP.

KARDEC, Allan. – "O Evangelho Segundo o Espiritismo". Trad. J. Herculano Pires. Ed. EME: Capivari-SP.

KARDEC, Allan. – "O Livro dos Espíritos". Trad. J. Herculano Pires. Ed. EME: Capivari:SP.

KARDEC, Allan. – "O Livro dos Médiuns". Trad. J. Herculano Pires. Editora EME: Capivari-SP.

MARTINS, Celso. – "Sexo, Amor e Educação". Editora EME: Capivari-SP.

MÉTRAUX, Alfred. - "A Religião dos Tupinambás". Trad. Prof. Estêvão Pinto. 2ª edição. Ed. Nacional & Ed. Da Universidade de São Paulo: São Paulo-SP.

MIRANDA, Hermínio C. de. - "Nossos Filhos São Espíritos".

MURSTEIN, Bernard I. - "Amor, Sexo e Casamento". Trad. Affonso Blacheyre. Editora Artenova: Rio de Janeiro.

OLIVEIRA, Irismar Reis de. – "Manual de Psicofarmacologia Clínica". MEDSI: Rio de Janeiro-RJ.

PIRES, J. Herculano. - "Pesquisa Sobre o Amor". Ed. Paidéia: São Paulo-SP.

PIRES, J. Herculano Pires. – "Vampirismo". Ed. Paidéia: São Paulo-SP.

RANG, H. P. & DALE, M. M. – "Farmacologia". Ed. Guanabara Koogan: Rio de Janeiro-RJ.

REVISTA ESPÍRITA ALLAN KARDEC. Álcool e Drogas – Onde Está a Cura? Ano XII, n° 43.Goiânia-GO.

SANTOS, Jorge André dos. – "Forças Sexuais da Alma". FEB: Brasília-DF.

TEIXEIRA, J. Raul/BRITO, Thereza de. - "Vereda Familiar". Ed. Frater: Niterói-RJ.

VEJA. "O Sexo Forte", 10 de março de 1999.

VEJA, "Sexo Não é Tudo", 14 de julho de 1999,.

VEJA, "Até que o Casamento os Separe", 22 de março de 2000, n° 1.641.

VIEIRA, Waldo/Espírito Emmanuel. - "Leis de Amor". Edições FEESP: São Paulo-SP.

XAVIER, Francisco C./ Espírito Neio Lúcio. - "Jesus no Lar". FEB: Brasília-DF.

XAVIER, Francisco C./Espírito Emmanuel. - "O Consolador". FEB: Sobradinho-DF.

XAVIER, Francisco C./Espírito Emmanuel. – "Vida e Sexo". FEB: Brasília-DF.

FIORE, Edith. – "Você Já Viveu Antes". Trad. Ana Maria Sarda. Editora Record: Rio de Janeiro-RJ.

FRANÇA, Genival V. - "Medicina Legal". Ed. Guanabara Koogan: Rio de Janeiro-RJ

DADOS DO AUTOR

FRANCISCO DE ASSIS CARVALHO CAJAZEIRAS é natural da cidade de Fortaleza-CE, onde reside.

Conferencista com uma agenda de palestras e cursos para as casas espíritas, tem participado de diversos Congressos. É fundador do Instituto de Cultura Espírita do Ceará e ex-vice-presidente da Federação Espírita do Ceará.

Médico clínico e cirurgião geral, professor na Universidade de Fortaleza (UNIFOR) e Faculdade Integrada do Ceará (FIC).

É sócio-fundador e atual presidente (2006/2007) da Associação Médico-Espírita do Ceará e delegado do Grupo de Estudos Doutrinários no Hospital da Polícia Militar do mesmo Estado.

Autor dos livros:

- Conselhos Mediúnicos
- Eutanásia – Enfoque Espírita
- Evolução da Idéia sobre Deus
- Elementos de Teologia Espírita
- Existe Vida... Depois do Casamento?
- Bioética – Uma Contribuição Espírita
- Curso sobre Mediunidade
- Conselhos de Saúde Espiritual
- O Valor Terapêutico do Perdão
- Depressão - Doença da Alma

CONHEÇA outras obras do MESMO AUTOR

EUTANÁSIA
Enfoque espírita sobre a morte sem dor
14x21cm - 104 p.

Eutanásia, nunca!

No livro Reflexões Espíritas o Espírito Vianna de Carvalho, através da psicografia de Divaldo P. Franco, faz um expressivo comentário que é um alerta da espiritualidade para que compreendamos o significado sublime da vida:

"Amar e atender aos pacientes com carinho, envolvendo-os em vibrações de paz, orando por eles, aplicando-lhes recursos magnéticos de que todos dispõem são as atitudes corretas que a consciência cristã e espírita deve aplicar em quaisquer situações em que se encontrem, na condição de familiar ou facultativo, de amigo ou de companheiro, na enfermagem ou no serviço social...

Eutanásia, nunca!"

Obra com abordagem médica e espírita pelo doutor Cajazeiras, que contou com o prefácio do doutor Nubor Orlando Facuri, da Unicamp e posfácio do professor e psicobiofísico Henrique Rodrigues.

CONHEÇA outras obras do MESMO AUTOR

EVOLUÇÃO DA IDÉIA SOBRE DEUS
Estudos sobre Deus
14x21cm – 128 p.

Totemismo, Animismo, Politeísmo, Jainismo, Budismo, Confucionismo, Taoísmo, Monoteísmo, Cristianismo e Espiritismo, são temas abordados neste livro interessante, do ponto de vista da conceituação da idéia de DEUS, doutrinariamente correto e bastante didático.

Os temas são ordenados historicamente, facilitando o entendimento do leitor e fornecendo subsídios importantes, à luz de fontes antropológicas, filosóficas, sociológicas e científico-materialistas.

Um livro apaixonante, oportuno e bem-vindo na vasta bibliografia espírita.

CONHEÇA outras obras do MESMO AUTOR

ELEMENTOS DE TEOLOGIA ESPÍRITA
14x21 cm – 142 p.

O livro traz à discussão, através da escrita do Dr. Francisco Cajazeiras, assuntos, os mais diversos, que instigam a curiosidade investigativa de todos que se interessam pelo Espiritismo. Assim, vão sendo tirados, gradativamente, os véus que dificultam a compreensão de questões que, ao longo dos séculos, vêm sofrendo interpretações por meio da "letra que mata", criando tendências religiosas comprometidas com o misticismo, as simbologias e os rituais.

Apresenta proposições fundamentadas no tríplice pilar da Doutrina dos Espíritos – ciência, filosofia e religião – comparadas com os textos bíblicos, o autor oferece para os leitores considerações controversas tais como a existência do Diabo, a palingenesia, a posição das Igrejas quanto à mediunidade e as crendices geradas através dos tempos.

CONHEÇA outras obras do MESMO AUTOR

CURSO SOBRE MEDIUNIDADE
13x18 cm – 216 p.

É fato que a mediunidade como faculdade existe desde que o homem assim se entende, mas sempre foi subutilizada ou mal utilizada, por força do empirismo e da escassa compreensão das suas bases. Esse livro tem por objetivo facilitar e estimular o estudo de O Livro dos Médiuns por todos aqueles que desejam aprimorar seus conhecimentos acerca da mediunidade.

CONSELHOS MEDIÚNICOS
Mensagens Mediúnicas
14x21cm - 144 p.

Nesta obra, reunimos dezenas de apontamentos que vários Espíritos trouxeram, através da psicografia do médico e médium Cajazeiras, com o objetivo de compartilhar experiências com o leitor amigo. Acreditamos que elas possam levá-lo a refletir sobre o seu diversificado conteúdo, mensagem a mensagem — lenta, saborosa e eficazmente.

CONHEÇA outras obras do MESMO AUTOR

BIOÉTICA - UMA CONTRIBUIÇÃO ESPÍRITA
Estudo espírita – 13 x 18 cm – 152 p.
Prefácio da Dra. Júlia Nezu

Trata-se de crônicas escritas por um médico estudioso da Doutrina Espírita e atualizadíssimo na sua profissão, abordando temas científicos à luz do Espiritismo. Como se não bastasse, Cajazeiras tem estilo próprio escorreito, agradável, objetivo e ameno. Nesta obra, traz, numa linguagem acessível, uma resposta da Ética às novas situações oriundas da Ciência, à luz do Espiritismo, sobre as questões da morte, da eutanásia, do aborto, dos crimes hediondos, da clonagem, dos embriões congelados, dos transplantes de órgãos, do suicídio e das mudanças de sexo. Capítulos importantes, ainda, o são os que tratam da "Serendipidade" (descobertas ao acaso), dos "Sonhos e Insights" e os dois últimos: "Dispositivo Intra-uterino e Aborto" e "Planejamento Familiar".

CONHEÇA outras obras do MESMO AUTOR

CONSELHOS DE SAÚDE ESPIRITUAL
Auto-ajuda – 14 x 21 cm – 160 p.

Hoje, mais do que nunca, as pessoas procuram trabalhar o corpo para manter a tão sonhada mens sana in corpore sano.

Na verdade, porém, o que propõe o sábio grego Juvenal é que o homem, cultivando bons pensamentos, alcance o bem-estar físico, psíquico e espiritual.

Estes Conselhos de Saúde Espiritual, oferecidos pelos bons Espíritos através da psicografia do médico cearense Francisco Cajazeiras, funcionam como verdadeira profilaxia da alma. É medicação para todas as horas, drágeas de equilíbrio e imunidade contra o desânimo, o estresse e a depressão.

Constituem excelente dieta para eliminar as "gorduras" da negatividade e do pessimismo.

É a ginástica da boa forma espiritual, do corpo saudável comandado pela mente sã.

CONHEÇA outras obras do MESMO AUTOR

O VALOR TERAPÊUTICO DO PERDÃO
14x21 cm – 128 p. (Ilustrado)

Este livro demonstra que a proposta de Jesus para o perdão incondicional não se restringe apenas à ordem ético-religiosa, não direciona suas investidas unicamente no terreno filosófico, mas abrange todas as áreas do conhecimento humano. O objetivo do médico Cajazeiras na obra é o de aliar os avanços da pesquisa científica à ação de perdoar, compondo-se assim uma espécie de terapêutica, apropriada à nossa saúde não apenas espiritual ou social, mas também mental e orgânica.

O perdão é ação profilática para a integridade do lar, para a construção da paz social, para o estabelecimento dos laços de fraternidade além-fronteiras e para a vivência da solidariedade universal.

CONHEÇA outras obras do MESMO AUTOR

DEPRESSÃO – DOENÇA DA ALMA
As causas espirituais da depressão
14x21 cm – 208 p. (Ilustrado)

Quatrocentos milhões de pessoas no mundo sofrem de depressão, apontam as estatísticas.

O que é a depressão? Como diagnosticar o mal? Quais as perspectivas futuras? Quais as possibilidades terapêuticas? É possível preveni-la?

Neste livro, o médico Francisco Cajazeiras procura responder a essas perguntas e esclarecer dúvidas sobre a doença, mergulhando nas suas causas mais profundas – as espirituais –, sem misticismo e sem apelar para o sobrenatural, senão para a lógica e o raciocínio.

Não encontrando os livros da EME na livraria de sua preferência, solicite o endereço de nosso distribuidor mais próximo de você através do Fone/Fax: (19) 3491-7000 / 3491-5449.
E-mail: atendimento@editoraeme.com.br – Site:www.editoraeme.com.br